本を読むのが苦手な僕は
こんなふうに本を読んできた

横尾忠則

光文社新書

生涯で一冊の本も読まなかった両親に本書を捧げます。

本を読むのが苦手な僕はこんなふうに本を読んできた　目次

芸術か人生か！　80

人生・邂逅・運命　96

日記・自伝・評伝　142

創造　158

異世界への想像力　168

絵画の見方　239

日本・美・感性　251

明日へのとびら　289

本を読むのが苦手な僕はこんなふうに本を読んできた

死・生・今

フリーダ　愛と痛み

石内都（岩波書店）2016.07.31

見つめれば見つめるほど、遺品というものは不気味で気持ちの悪いものである。

この写真集の帯文には「彼女が、今ここにいる」とあるが、ここにいるのは写真家であって、つまり「彼女」フリーダ・カーロはここにはいない。ここにあるのは、蝉《せみ》や蛇が脱皮したあとに遺《のこ》した抜け殻のようなものである。ここに「いる」のは彼女の不在証明としての、かつての生の記憶にすぎない。

僕も16年前に、フリーダ・カーロの終《つい》の棲家《すみか》〈青の家〉を訪ねたことがある。メキシコの強い光の下で見るフリーダの遺品は、彼女の絵画の持つ生命エネルギーとは別個の、光に吸収された負のエネルギーのような、主人公から見捨てられた実に孤独な非感情的な物質としての死体（オブジェ）が無言で横たわっていたようだったのを思い出す。

そしてどこからともなく、「私はここにいませんよ」というフリーダの非物質的世界の彼方からの声を聴いた。僕はこれらの遺品に対して、極力感情を排して冷めた眼で眺めるべきであることを、彼女の声なき声の響きから感じとった。

彼女の絵画は時には観る者に感情を押しつけてくる。その感情の矢を如何《いか》にかわすかというのが芸術作品との交流でもある。われわれは芸術に感情や意味を必要以上に与え過ぎてはいまいか。それが生の証明であるといえばそうかもしれないが、死して非物質的世界の実相にあるカーロは、かつての感情過多な自作を、そのまま素直に受け止めているのだろうか。

まして〈青の家〉に遺されたかつての肉体の分身に、彼女の未練はすでに消滅しているはずだ。もしそうでなければ彼女は肉体から解放されていないことになる。「遺品たちとの対話」（帯文）とは、写真家と遺品との対話ではなく、むしろカーロの魂と、カーロの遺品との対話ではないのか。これらの写真は、われわれに自由な視座を与えてくれる。

「死ぬのが怖い」とはどういうことか

前野隆司（講談社）2013.02.24

僕は怖いけれど、死ぬのが怖くないという人もいる。どうしたら怖くないかを、哲学から脳科学まで学問を総動員した著者が、理詰めで考えた結果を本書で展開する。この著者は、宗教も死後生の存在も前世も輪廻も科学的証明がない以上、信じないという立場で、かなりのページを割いて死後の世界の否定に費やす。

本書の目的は、著者の「生きているのが楽しくて仕方ない」ということを人に伝えるためだそうだ。死を恐れないためには生は幻想であることを認識する必要がある。生も死も大差ない、本来、心もない、もともと何もない、人はすでに死んでいるのも同然。生きていること自体、勘違いで、人間は知情意のクオリアという幻想を持った生物で、人間には過去も未来もない。あるのは「今」だけ。あとは全て幻想。だから今しかイキイキと生きられない、と。

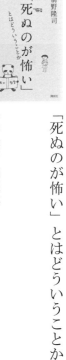

死は想像上の産物で、死の瞬間には主観的な今も死もない。死が怖いのは自分のクオリアが肉体を失うことを恐れるからだと。本来は自己と他者の区別はない（ちょっと唯識的かも）。このように利己と利他を超越した人間を達人と呼ぶ。つまり生きていることは無であり、幻想であるということを体で理解しなければならない。死後の世界も死も過去、未来も現在の意識のクオリアも全て幻想。人間にあるのは「現在」だけということを実に多面的にしつこく述べ続ける。

とにかく死を考えることは生を考えることであり、本書によって生き生きと生きてもらいたいと、哲学、思想としての仏教を熱く語る著者。本書の全編にわたって、生の瞬間も永遠の死の時間も愛も「今」をのぞいて全てが幻想であると、耳がタコになるほどお経のように同じことが反復される。どこから見ても死などはない。また人生には意味もないというのだ。「今」を情熱的に生きれば死は怖くない。ダッテ幻想ナンダカラ。

瞬間を生きる哲学
〈今ここ〉に佇む技法

古東哲明（筑摩選書）2011.05.29

1960年代のヒッピームーブメントはすでに終息を迎えていたが、バークレイにはまだその遺産の残り火がチカチカしていた70年代の初頭に、カリフォルニア大学内を仕事場に1カ月余りこの地に滞在したことがあった。その時会った一人の老ヒッピーのTシャツの胸に〝BE HERE NOW〟と書いてあった。

〝BE HERE NOW〟（今ここに）という言葉は、ニューエイジ・ムーブメントのリーダーの一人、ラム・ダスが書いた本の題名であることはすぐわかった。この言葉に出会った瞬間、人生の叡智を探る根本原理を「これだ」と本能的に直感して以来、〈今ここに〉を生きるための処世態度としてきた。

「今ここに」はブッダも〈相応部教典〉の中で語っているが、実感からほど遠かった。そこで、この言葉の深意を禅とインドに求めてニューエイジのボヘミアンの旅に立った。その過程で「常に現在に密着していること」（ゲーテ）、「瞬間を全身で楽しむ」（ニーチェ）、「今ここに、唯《た》だ生きる」（唯識）などの箴言《しんげん》に出会ってきたが、肉体から離れてしか存在していなかった。

ところが画家に転向して10年以上たった時、「今ここに」は創造行為それ自体であることに気づいた。外に求めていた答えが内にあったのである。そして今、目の前に本書がある。〈今ここ〉に佇む技法書である。

キャンバスに向かった瞬間から無限の価値と永遠の時間の中で、行為自体が目的化し、自由と解放と快楽と遊びが魂に呼びかけ、「今ここに」を実感させる。そして「今ここに」の概念からさえも自由になる。絵画は、空間を創造すると同時に無限の時間の創造でもある。そしてこの瞬間の連続の体感の中に、この現実から分離したもうひとつの現実世界に到達して永遠を享受する。

本書は、「いまこの瞬間のなかにすべて《人生の意味、美も生命も愛も永遠も、なんなら神さえも》」存在することを明らかにしようとする。この瞬間は過去にも未来にも存在しない。たった「今ここに」しか存在しない。これが生きることの重要性であることを、著者は全編を通して熱く語る。本書では芸術創造は「つまるところこの瞬間刹那の豊麗さに撃たれること」であり、そして「瞬間を生きることは《時間を超えて生きる》こと」であると同時に時間体験であると指摘する。近代の時間は垂直に流れるが、創造的時間は過去、未来ともに現在に同化することで瞬間の連鎖現象が起き、「陶酔と至高」に至る。

巻末のエピローグでは、インドの貧民街の13歳の少女の到達した「瞬間」の境地を著者は美しく易しい文章で締めくくっている。

シッダールタの旅
ヘルマン・ヘッセ、竹田武史構成・写真、高橋健二訳（新潮社）2013.07.07

三島由紀夫氏の死の3日前の電話で「インドには呼ばれる者とそうでない者がいる。君はやっとインドに行く時期が来た」。なにやら呪術めいた言霊に背を押されて1974年にインドに発《た》った。この年に奇《く》しくもこの写真家が生まれている。彼は私がしたように、ヘッセ芸術の結晶『シッダールタ』を伴侶にバイクに跨《またが》り、カメラを手に「仏陀との対話」の40日間の旅に出た。私は7度渡印したが、著者の写真が語るような濃密な魂体験には及ばなかった。

彼のインドを凝視する裸眼は、禁欲的、瞑想的、求道的な隠者ヘッセと、解脱の境を求めて呻吟するシッダールタを二重写しにしているが、そんな写真は見る者の眼を浄化する力を宿している。

著者はインドの早朝、生きとし生ける万物が眠りから覚め、プラーナの霊気が辺り一帯を支配し光の粒子と混じる頃と、日没の長い影が夕闇の中に姿を晦《くら》ますのを待ちかまえるかのように、どこからともなく聞こえてくるアリ・アクバル・カーンのラーガの楽曲に導かれ、夜の帳《とばり》が天と地をひとつにする瞬間をカメラにより見事に活写する。

そんな静寂の中、「女が何であるかまだ全く知らない愚かな沙門」であるシッダールタは快楽を求めて美妓《びき》との性愛の陶酔へと下降していく。古代インドでは人生の三大目的のひとつに性愛《カーマ》を通した解脱の道を説く。著者はこの性愛をカジュラホの性愛像の写真で説明するが、シッダールタの快楽と苦悩の狭間《はざま》で魂が裂かれようとする、愛なき性愛の描写に他に如何なる表現があろうか。

灼熱の下、瞑想的で宗教的なインドの静寂と反対に、喧噪と悪臭、人と物の過密空間の中で沸騰する人間の欲望。これもインド時間だ。輪廻と涅槃、煩悩と解脱を分かつのではなく、これらを一体化する時、シッダールタは老いを前に生死の時間の束縛から脱するのだった。

鴨居玲　死を見つめる男

長谷川智恵子（講談社）2015.07.05

鴨居玲は没後、伝説の画家になったのではなく、生前から彼は伝説の人だった。彼に接した大抵の人は彼の不思議な磁力に魅入られ、誰もが彼に会いたがったようだ。本書は画家の作品を論じるより、もっぱら彼の人物像を語る伝記的エッセーである。

鴨居のルックスとファッションセンスは、西洋人の中にいてもきわ立っていた。画壇へのデビューは決して早くはなかったが、いきなり頂点を極める権威の賞を立て続けに手にする。が、彼には成功欲も金銭欲も全くない。画壇の誰とも群れず、市井《しせい》の生活を愉しみ、成功後もデッサン教室に学び、特にスペインの田舎の人々との素朴な生活を愛した。彼の人間的魅力と人気は内外を問わず人々を魅了し続けた。彼に声をかけられると深夜遅くでも飛んできたくさせる引力は一体どこから来るのだろう。

彼の飛び切りのオシャレはどこに行ってもグラマラスな存在で、その場の空気を華やぐものに一変させるが、内心は恥ずかしがり屋で、酒を愛する一方、大人になりきれない少年の魂は常に芸術に悩んだ。彼を孤独に導く芸術と生活の間で常に自由を求め、創造と苦悩との往還を繰り返す、そんな彼の心は常に死と隣り合わせ。

スペイン人の楽天的な生き方を愛する一方、闘牛の死の儀式に美を求めた。そこには死を恐れぬ無関心の強みがあった。彼は自ら悲劇の主人公を演じ、「二晩三日」と人が嗤《わら》う狂言自殺の茶番劇の道化を好んだ。死を弄《もてあそ》んだというより、死に魅入られていたと思えてならない。

もう30年以上になるかな、僕は後に彼の死のあとを追って自殺した、彼の親友のひとりである美術評論家・坂崎乙郎《おつろう》と鴨居の2人に誘われて展覧会の審査に招かれたことがあった。伝説の主を前にやや緊張しながら、彼の驚くほど謙虚な人柄と淋しげな笑顔は今も記憶の底に揺曳《ようえい》している。

フクロウ

その歴史・文化・生態

デズモンド・モリス、伊達淳訳（白水社）2012.02.05

本書を執筆した著者の動機に、僕は背筋が凍えるような悪寒と同時に言葉にならない切ないものを感じた。著者がまだ幼い少年の頃、野原の片隅で血まみれになったフクロウが悲しみと苦しみを浮かべた表情で死の予兆に耐えているところに遭遇した。

少年はフクロウの苦痛を解いてやろうと、大きい石で人間そっくりの形をしたフクロウの頭に一撃を加えて殺してしまった。少年の哀れみから発した善行であろうが、少年は最悪の気分に襲われた。そんなフクロウに対する「罪滅ぼし」が本書である。

フクロウは「知恵と邪悪の象徴」としての二つの属性が優勢と劣勢を繰り返しながら、各国で異なったとらえ方をされてきたようだ。古代エジプトでは人間の魂とつながり、ギリシャでは神聖な生き物、ローマでは魔女の使いで死の象徴、中国では来世の案内者、南北アメリカでは死者の魂という具合に、フクロウはどうやら冥界と深く関わる魔力的な存在のようである。

そんなフクロウはまた芸術家の格好のモチーフにもなり、ボス、デューラー、ミケランジェロ、ゴヤ、マグリットらがフクロウの魔術的呪術性に魅せられ、死や夜の闇や破壊や邪悪的なものの象徴としても描かれている。ピカソはフクロウを飼い、自画像のように描いているが、近代の画家は象徴としてのフクロウには無関心で、「フクロウはフクロウであり、フクロウであり、フクロウである……」（ガートルード・スタイン）と、フクロウの歴史や神話や伝説とは無関係にフクロウのフォルム（形）の表現に徹している。

そういえば、ピカソが描いたガートルード・スタインの肖像画の彼女は巨大フクロウのワシミミズクにその顔や体形がそっくり。ついでに長野五輪のフクロウのマスコットは「スポーツ会場より相撲の土俵の上」に似合うと、画家でもある著者は皮肉っている。

巴水の日本憧憬

川瀬巴水（画）林望（文）（河出書房新社）2017.05.14

夜の帳《とばり》が下りる頃の、巴水《はすい》のザワザワさせる夜景に魅せられてきた。黒澤明の時代劇のオープンセットの宿場町、からっ風の代わりに雨、雨上がりの空に月、川面に映る家の灯《あか》りが暗い旅情を誘う。何やら日本人の無意識の底に沈む陰湿な、しかし、温かいぬくもりの中で交わされる小さい団欒のざわめきが灯りの下から聴こえてくるような幻影に僕は導かれながら、巴水の夜景にとりつかれてきた。

巴水が影響を受けた小林清親《きよちか》の方が36歳も年長であるにもかかわらず、清親の画題の方が近代的で探偵小説の世界を見るようだ。

私事になるが、僕は清親を陽、巴水を陰の作家ととらえ（夜景に限るが）、この両極を僕の中の夜景観として自作（夜のY字路）を形成してきたように思う。

さて、巴水の絵に戻ると、無骨な線の描写に無頓着性を見、同時に禁欲的な色彩を見る時、線描と色彩のアンバランスな矛盾に僕は仏教的な悟性を感ぜずにはおれない。そしてそこに微《かす》かな死の影のような気配を抱くのである。

ひんやりとした死の岸辺からそよそよと此岸《しがん》に届く風は、命の時間を伝えるデーモンの伝言のようでもある。「笠岡の月」と題する絵があるが、本書のもう一人の著者、林望氏はこの絵を「もうほとんど闇に沈んでいこうとする人生」と例え、「この絵の翳は即ち巴水の命《みよう》終《じゆう》への予感」と予言する。絵の暗がりにはほとんど闇との区別がつかないほどの人物が弱々しく佇んでいるが、僕には亡霊のように見える。

林氏は画面の中に描かれる人物像に「巴水自身の影がある」と指摘する。そんな人物が絵を奥行きの深いものにしているに違いない。

西洋のある画家は風景の中に人物を配して初めて風景画になると言ったが、巴水の絵にはほとんど人物が風景の一部として描かれている。巴水の場合、その人物に死の影を宿す。画家はどこか死に寄り添うことで安心するのである。

「からだ」と「こころ」

日本人の身体

安田登（ちくま新書）2014.11.02

24歳、上京するなり業界の先輩が喫茶店で「注文、何にする?」と聞いた。「何でもいいです」と曖昧に答えたら「東京では白黒はっきりすべきだ」と一喝を食らった。もし今、同じ質問をされても同じ答えをするだろう。

何でもいい時は何でもいいのよ。そして東京も、知的近代主義みたいなのもヤだなと思った。曖昧さは僕の持ち味として白黒の境界を生き、創造を反復させてきた。曖昧でいることは僕にとって最も自由な状態で、白黒はっきりさせることは僕の中から遊びを追放することであり、創造を否定することにもなる。

さて、幸運にも本書に出会い、目からウロコ。曖昧さを日本の特性として日本人のおおらかな身体観と捉え、自分と他者、生者と死者の境界線も曖昧という。著者は能楽師として能の世界に例をとりながら、幅広い領域で新しい現代の古典的身体論を展開する。

能も如何に境界が曖昧である芸能であることか。シテとワキの間に流れる時間の境界が次第に曖昧になり、同時に観客の時間も意識と無意識の怪しい境界に誘われる。このような時間の境界体験は西洋のものではない。

さらに能が「こころ」の芸能ではなく「思い」の芸能であり、表層の対立する「こころ」ではなく深層にある思い、つまり「共話」のもつ力であると、著者は読者に語りかけてくる。

さて、日本人の身体とは？　古典が語る日本人の身体は「からだ」を死体とみた。一方、生きている身は心と魂とひとつのもので、さらに「こころ」でも「思い」でもない深層にある「心《シン》」を手に入れれば自由自在に宇宙と戯《たわむ》れ、差異を超えて、心も行いもない状態へ導かれるという。

また人は老境に至るにつれ曖昧を生き、「老い」を「生《お》い」と考え、成長ととらえる。老齢になると確かに自他の区別も曖昧になりますね。

睡眠のはなし
快眠のためのヒント
内山真（中公新書）2014.03.09

睡眠は生命維持にとって不可欠な生理現象である。特に現代生活にとって睡眠が抱える問題とその影響は、しばしばメディアでも関心事のトップ項目に挙げられる。

今日の激しい環境の変化が睡眠障害を引き起こすだけでなく、複雑な人間関係や仕事のストレスによる不眠は深刻な社会問題でもあり、五人に一人が不眠症であるという。

若い頃から不眠気味の人生を送ってきた自分には、眠ったか眠れなかったかは世界観が二分されるほどの人生の主要テーマであり、睡眠に対する必要以上の執着が、「不眠恐怖症」を無意識のうちに義務づけてしまっていた。

本書は人間にとっての睡眠のメカニズムと意味、さらに不眠症や過眠症（うらやましい！）が如何に健康（と不健康）に深く結びついているか、臨床の現場から最新の睡眠学を一般的にわかりやすく解説する。

睡眠にはノンレム睡眠とレム睡眠があるが、このメカニズムがわかったからといって不眠がすぐ解消されるわけではないし、例えば高照度光療法といって早朝の太陽光を目に感じることで、12時間程度心身を活動に適した状態に保ち、14時間後くらいから睡眠を誘うようにするという不眠対策もあるという。

睡眠に関心を持つ人の大半は睡眠障害者ではないだろうか。睡眠の悩みは環境的なもの、心理的なものと個人差があるが、本人にとっては切実である。私も不眠症解消本を何冊も読み、医師にも相談したことがある。不眠がうつ病のリスクになることが、ここ20年の間にわかってきたという。うつ病には不眠が伴うことが多く、不眠がうつ病の原因なのか、結果なのか、断定にはまだデータ不足だというが、睡眠によってうつ病の予防ができるなら、朗報だ。

睡眠を研究することで人間が如何に複雑な存在であるかに目覚め、また新たな人間への興味が生まれよう。

皮膚感覚と人間のこころ

傳田光洋（新潮選書）2013.03.03

皮膚感覚という語は日常によく耳にするが、概念に対する身体感覚という意味で認識されているように思う。私たちは普段、皮膚に類する語を比喩的にけっこう無意識に使っている。「鳥肌が立つ」とか、「一肌脱ぐ」とか、「虚実《きょじつ》皮膜《ひまく》の間」とか。

「虚実皮膜」は虚構と事実の微妙な境界にこそ芸術の真実が宿るとする考えで、その両極を共有する薄い膜が皮膚じゃないかと想定するならば、皮膚がにわかに芸術と深い関係を生じるじゃないですか。

また「皮膚之見《のけん》」という言葉を耳にすることがある。その意味は、表面だけでは分からない皮下にモノの本質があると言いたいのだが、この「皮下」こそ本書のテーマである「人間のこころ」ではないのだろうか。余談になるが、アンディ・ウォーホルは「表面が全てで裏には何もない」と、全くこの言葉と真逆のことを言っている。

それはさておき、皮膚は世界と自己の境界を形成するものであり、環境と身体と心と皮膚についての見地から、著者は人間とは、生命とは何かということを多面的に皮膚科学の視点から考察していく。

僕が特に皮膚を意識する瞬間は、入浴中に自らの皮膚に触れる時だ。「気持ちイイ」のは皮膚感覚が心理に与える影響だ。皮膚の刺激が心に及ぼす影響は母親の皮膚体験により、幼児期の人格形成にさえ影響する。ヴァレリーは「人間にとってもっとも深いものこそ皮膚だ」と語る。

皮膚感覚は自己と他者を区別する意識と深く結びつく。自分の皮膚に触れるより他人に触れられた時の方が心地いい。つまり皮膚が自己意識を作っているということ。自己が皮膚と共にあるということは普段、意識しないが、本書の読後は皮膚と心が不離一体の関係にあることを脳と共に強く意識する。そして精神の健康と皮膚の健康が密接であることを自らの皮膚に触れながら感じていたい。

長寿と性格

H・S・フリードマン、L・R・マーティン、
桜田直美訳（清流出版）2012.03.25

高齢化社会の日本では、これ以上長寿が増加すると問題の上に問題を積み重ねることになるけれど、米国で約１５００人を対象に80年間追跡観察した結果、長寿は生き方のパターンにあるというデータを発表した博士がいる。それによると、従来の健康に関する常識が通用しないことになる。

医療側の健康論理ではなく、健康と長寿のカギを握っているのは性格で、最も重要なのは

「勤勉性」だという。ダイエットもジョギングも関係ない。慎重、注意力、責任感、礼節、計画性、ねばり強さ、思慮深さ、社交ネットワークなどなどだ。そこで僕はふと三島（由紀夫）さんの性格を思い出した。だが、彼は自死を選んだ。とすると、この研究は当てはまらない。しかし、「この世の終わり」と解釈するタイプの悲観論者は事故や事件、自殺で亡くなる短命の確率が他より高いという。すると、彼の憂国の思想が逆転劇を誘発したともいえる。

著者は、専門家の多くが今後、寿命は短くなると予想しているという。理由は、国民が健康のためのアドバイスを守らないためだが、著者によれば健康のための政策の方こそ間違っているのだ。

この研究を行ったルイス・ターマン博士はもともと、才能があって成功した人の秘訣を探るのが目的だったが、同じことが健康と長寿に関しても言えることを発見した。

本書は長寿の性格と同時に短命の性格も指摘している。芸術家には長寿が多いが、中には長寿の条件に反する性格パターンの持ち主もいるだろう。にもかかわらず長寿なのは、博士の挙げる条件の他にも別の因子がありそうだ。

例えば芸術家は「勤勉性」の他に、創造に伴う本能的な感性や霊感の受信能力が異常に敏感であるというようなことも長寿の条件に加えなければ、芸術家の異端的な性格にもかかわらず、長寿であるということが理解しにくくなるからだ。

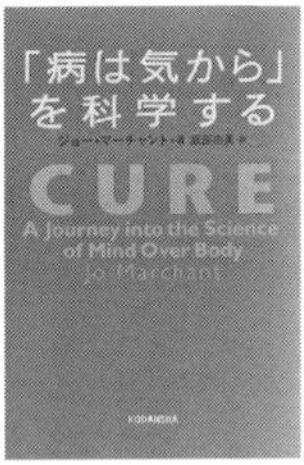

「病は気から」を科学する

ジョー・マーチャント、服部由美訳（講談社）2016.06.05

病気とは患者の主観ではない。医者が認めなければ病気とは言わない。心は二の次ということだ。では、心に治癒力はないのか？

心は万能ではないという科学主流の考えに疑問を抱いた先端科学専門ジャーナリストの著者は、主流に逆らって心が体に及ぼす影響を研究している科学者を探し、世界中を巡る。結果、心は万能ではないことを知らされるが、本当に見逃しはないのかと懐疑者たちに再考を促し、さまざまな事例を紹介する。偽薬や偽手術の効き目、高額な手術と知った途端、治ったと信じる者……。まさに「病は気から」だ。

病気が治ると単純に信じるその想いに、すでに治癒力が作用するのだが、ここに疑問が湧く。信じる心が薬と同じ効果を生むとしたら、そもそもなぜ薬が必要か？　つまり薬が投与されたと知らなければ効果はないってことだ。

１９９４年のロス大地震の犠牲者の多くは、建物の崩壊の下敷きになっただけではなく、「このまま死ぬかもしれない」という恐怖によって死んだ者も多数いたという。脅威を感じた瞬間にアドレナリンが沸き上がり、心臓が停止。危険の知覚で死に至るというのだ。

心が健康に影響を及ぼすといっても、代替医療を選んで死亡した人もいる。結局、自分の脳と体を信じるしかない。「物質的身体」の健康が、逆に心の状態に影響を与える。

デカルトが精神と肉体を分離させて四百年。今も論理的、合理的存在としての人間に対する信頼は死滅したわけではないが、体と心は完璧に統合していると著者は主張する。

僕の知るある著名な物故作家の親類の人は、末期がんを宣告された。どうせ死ぬなら四国八十八カ所巡礼の旅へでも、と心を空にして死出の旅に立った。野垂れ死にもせず無事に帰還。検査したらがんは跡形もなかったという。心を空《むな》しくした作用が体に奇跡を起こしたのだろうか。

トップスター

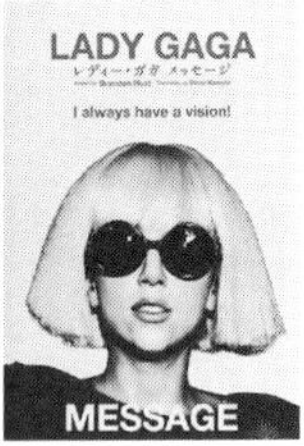

レディー・ガガ　メッセージ
I always have a vision!
ブランドン・ハースト、川田志津訳（マーブルトロン）2012.06.10

レディー・ガガが裸身に生肉ドレスで「ヴォーグ」の表紙を飾り、キティの人形を全身にまとって被写体になった時、ある意味で、ネオポップともポストポップともその出現が話題になったジェフ・クーンズ以上の衝撃を受けた。

彼女は自らの存在をアンディ・ウォーホルの「コピーキャット」と謳《うた》い、そのビジョンや影響を組みあわせて誰もが考えつかなかったものを創り出し、「予測できない」ポップミュージックに知性を導入した。そんなレディー・ガガのお言葉集が本書「メッセージ」である。

「放心しちゃうくらいでたらめになって、ゴムなしでセックスしなくちゃ」。驚いちゃいけません。彼女の言葉は詩的な比喩を否定したストレートな表現が持ち前だが、その戦慄的な言葉の「ミステリーもマジックも全部私のアート」で、ガガの謎の解明に「みんなすっかり魅了されちゃっているのよ」と豪語する。

世界的大ヒット「ザ・フェイム」により戦略的成功を収めたガガは名声《フェイム》を現実のものにした。そして、自らの中に棲息する悪魔（原罪）と対峙《たいじ》したアルバム「ザ・モンスター」によって彼女の怪物ぶりはマディソン・スクエア・ガーデンのあの圧倒的なライブ・パフォーマンスになり、ひとつの「事件」として記録された。「芥川賞は事件だ」といった広告コピーなどガガの前ではかなり影が薄いのと違うか。

一方、「過激でデカダンだ」と言われる彼女は自分を憂慮する冷静さもある。父と交わした言葉では「そんな状態で出会う人たちも、できる友達も、いつか全員失うことになるぞ」と釘を刺されたが、ガガは「宇宙に存在する〈より大きな善〉のためにつくす」という自らの使命を固持しながら、「私はもう、普通の人のような人生は送れない」と天と自らの魂に約束。アートと結婚した自分を何よりも誇らしげに語るガガ。

デヴィッド・ボウイ　インタヴューズ

ショーン・イーガン編、迫田はつみ、田村亜紀訳
（シンコーミュージック・エンタテイメント）2017.01.08

デヴィッド・ボウイに代わってデヴィッド・ボウイになりたい人間なら、この本は彼らにとってバイブルに違いないが、ボウイ当人は、デヴィッド・ボウイに辟易としながらも別の架空のロックスター「ジギー・スターダスト」を想定して、見事スーパースターになるという現代の神話である。

ところが、それがどうした、という結果を招いたことにあわてたボウイはリアリティーを取り戻そうとするが、何をやっても飽き性な性格は22歳で肉体的に中年が目前だと言い、「僕はとんでもなくビッグになるよ、ある種自分でも怖いぐらいだ」と豪語する。スーパースターの末路に危険な運命が口を開けて待っていることに彼は気づいていたのだろうか？スーパースターを導く運命の女神が死の案内人であることを。知ってか知らずか、彼はバイセクシュアルを愛すると同様に死を偏愛しながら、かつてのスーパースターたちと同じ運命を歩んでいる。

ボウイは一瞬たりとて危険な綱渡り状態でない時はなかったと言う。そんな彼をファンは固唾《かたず》をのんで見守る。ボウイの不安な感情が彼から一貫性を奪い取り、何をしても達成感が得られない。ただただバラバラの断片を引きずって旅から旅へ、居住地を変えながら、こっちの社会からあっちの社会へと転々と変化を求め、ありとあらゆることを試しながら精神のボヘミアンとしてオデッセイへと旅立つ。そして、自らをミュージシャンではない、むしろ演劇や美術の世界を指向すると言い放つ。他のそこら近辺のロッカーとの間に一線を引くアーティストだと主張する一方、ビジネスを重視してコアなファンを裏切ってみせたり、そのカメレオン的天才アーティストの仮面《ペルソナ》を顔面に食い込ませながら、歯並びの悪い口でケタケタと大声を上げて笑うが、どこかピカソの「泣く女」と重なる。彼はよく笑うが決して楽観主義者ではない。むしろ悲観主義者であり、ニヒリストである。

そんなつかみどころのない謎多きボウイは、エイリアンにあこがれながらエイリアンと定義されることを恐れる。地球人になりすまして、なれない異星人だと人は評し、神秘の存在にまつり上げたりするが、それに抵抗しながら、「歌詞と曲以外、そこには何もありはしない」と、アンディ・ウォーホルから借用したような哲学と知性でファンを煙《けむ》に巻いてますます神格化する、実に現実主義的なシュルレアリストであると同時にダダイストでもある。ボウイの言葉は明晰であると同時に韜晦《とうかい》している。シュルレアリスムのデペイズマン＝異質なものを無節操に共存させる、そんな無手勝流ヒューマノイドのボウイだった。

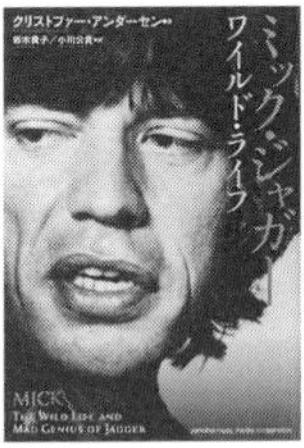

ミック・ジャガー
ワイルド・ライフ
クリストファー・アンダーセン、
岩木貴子・小川公貴訳（ヤマハミュージックメディア）2013.05.19

１９６９年、あの殺人事件が起こった悪名高きオルタモントのロックフェスティバルでのローリング・ストーンズは、僕の中に決定的な悪徳と危険の種子を移植させた。彼らに対する蠱惑と拒絶！　ストーンズの脳神経であるミック・ジャガーは一体何者？　その本性が本書で開帳されるに従って、彼の存在は悪魔とも神とも見分けがつかなくなってくる。

バイセクシュアルなミックは、手をひらひらさせながら卑猥なモンローウオークで聴衆をSEXショーに導き、自らは性の伝道者に変身。彼と悦楽を共にした脚の長い美女たちに彼をカサノヴァともドンファンとも言わしめたが、そのSEXライフは性別・人種を問わない超人的性豪の域に達しており、子供もいながら結婚の形態は完全無視。本書の活字はほぼ全編、SEX労働者絶倫男ミックの女性遍歴で埋め尽くされている。

ローリング・ストーンズが結成されて半世紀。70歳を目前にミックはデビュー当時と変わらぬ体形で今や世界最高のロックスターである。ところが、彼がオルタモントの件で殺人容疑者の抗弁に力を貸さなかったことから秘かに命を狙われる場面もあったとか……。しかし、過去をふりかえらず今を肯定する彼、「『あっという間だった』とも思わない。俺にとってまだ終わってないからだ」。常に体調管理は万全、いつでもツアーのスタンバイOK。

彼は富豪を目指し極めてケチだが、頭脳明晰で洗練されていて世渡りがうまい。今や皇太子からナイト位を授かり、権力と特権の座に君臨する一方、反逆者の象徴的存在。ストーンズのアナーキーな反社会的メッセージとミックの創造的カリスマの源泉は、性を回路とするカーマスートラやタントラの性秘技を「女」の肉体から無意識に自らの内に受胎しながら女性原理と男性原理を合体させ、芸術の美神との秘教的なコラボレーションを行っているようにしか見えない。そんなミックの前に現れたアンディ・ウォーホル。二人は互いに一目惚れ、共作版画まで制作。

彼がステージで尻《ケツ》を振り振り、大きい口唇を突き出して吐き出すように歌う時、聴衆は彼の享楽主義の魔法にまんまと掛かり、性の共犯者にさせられてしまうのである。

高倉健インタヴューズ

野地秩嘉（プレジデント社）2012.09.30

18年という長期にわたって行われた高倉健へのインタビュー集である本書で、著者は「健さん」の徹底解剖に挑戦するが、その実像は新作映画「あなたへ」の霧に包まれた古城跡のように、全貌が見え隠れする。

自己に忠実で常に自然体の健さんと時間を共有した者の多くは、個を取り戻したかのような幸福感を味わうのが本書でもわかる。そんな高倉健は、演技の核に「気」という見えない力の存在を設定する。このことが気になる著者は「気」の正体の究明にかかる。

「気」は絵画にあっても不可欠な表現力を有し、絵画が現実を模写することに意味のないように、映画には映画の現実が要求されるが、健さんの求めるリアリティーは違う。演じる人物の心情を共有することで内発する感情をそのまま映画表現に移植する。このことで虚構が現実と同一化するが、その力の源泉が「気」であるように思う。

本書でも触れている「あなたへ」の大滝秀治《ひでじ》の、聞き逃してしまいそうな素っ気ない「久しぶりにきれいな海を見た」というセリフを聞かされた健さんは大滝さんにしびれるようなリアリティーを感じ、消えかかっていた自らの俳優生命を延命させる機をつかんだ、と正直に告白する。このセリフの重みと真意はおそらく健さんにしかわからないだろう。健さんは大滝さんの演技に何を見たのか?

過日、放映されたテレビドキュメントで健さんは「幸せになりたい」とポツンと語ったが、この言葉にも重いメッセージが込められていると感じた。優れた一流の表現者にしか吐けない言葉である。優れた表現者は孤独を友とし、仕事を通してしか幸せは得られないという宿命を背負っている。表現者が幸せを望むなら、自らの生き方を反映した自分らしくふるまえる作品に出会うしかないのかも知れない。そして健さんの幸せはファンの幸せでもある。

わがまま・あるがまま

わがままこそ最高の美徳
ヘルマン・ヘッセ著、フォルカー・ミヒェルス編、
岡田朝雄訳（草思社）2009.12.06

一般的に「わがまま」といえば、相手や周囲の者の意に反して自分の思い通りにならなけ

れば気が済まないという、実にはた迷惑な行動をする自分勝手な人間を指す場合が多い。だけど同じ「わがまま」でも、一生「わがまま」を貫徹することができた希《まれ》な人間もいる。

ヘルマン・ヘッセが言わんとする「わがまま」は後者に属する人間のことであるが、芸術家の基本的態度である独創性を貫こうとすれば、自ずと「わがまま」にならざるを得ない。この態度は芸術の創造的世界ではむしろ高い評価につながることになる。ヘッセはこの評価を「美徳」（!）と名付けた。

しかし、ぼくが冒頭に挙げた一般的な「わがまま」の概念を恐れる学校では、人を標準という鋳型にはめようと努力するため、天才的な性格の片鱗《へんりん》を示す者をおぞましいものとして頭から悪党と決めつけかねない。

父に対しても学校に対しても反抗的な態度を貫き通そうとすることの危険と恐れを14歳で経験したヘッセは、自殺未遂事件まで引き起こし、ついに精神科病院に送られる羽目に。つまり、ひとつ間違うと「わがまま」は人生の破綻者として社会から葬られかねないのだ。

しかしヘッセの「わがまま」はコントロールの利かない理性なき狂気では決してない。あくまでも自己の内部の声に忠実に従う「我」の「心」、つまり「我儘」。まさに自然体、あるいは「汝自身であれ」こそが、「わがまま」ではないのか。

「わがまま」はひとつの法則として、われわれは「自分固有の心」に従って生きているはずだとし、「人間の法律よりもはるかに崇高で、はるかに神聖な法律に対する忠誠である」と同時に「独創性」と「わがまま」は同義語なのだと指摘する。

自己の外部にのみ関心を持つ人間には耳の痛い話であるが、ヘッセは世間が評価する事柄には大して価値を認めず、自己の内部に起こるものこそ「偉大」とする。そして孤独を愛し、孤独こそが「人間を運命に導くもの」という。つまり、宿命を生き抜くということである。

原節子　あるがままに生きて

貴田庄（朝日文庫）2010.07.18

今回は書評というより感想文です。原節子の「美」は僕の中ではグレタ・ガルボを凌《しの》いでいますね。彼女を撮ったどの監督も彼女の比類ない美しさを認めています。関係ないけど、僕は自作の美的欠如を補う手段として、画面のどこかにちょいと原節子を描き入れることがあるんです。すると途端に画面は生き返ったように美を取り戻します。

原節子の魅力は一般的に「永遠の処女」とか「神秘の女優」という言葉に表されますが、それ以上に彼女の、評論家も太刀打ちできないほどの聡明さと透徹した観察力、そして妥協しないその生き方に僕は痺《しび》れます。

著者は原節子のデビュー前の少女時代から映画界を引退するまで、出演映画を中心に彼女が女優として成長していく過程を編年体にじっくりと焦らずに眺めていきます。なんとも心地よい時間が流れています。そんな「あるがままに生きて」いく彼女の姿が、そのままこの本の題名になっているように思います。

原節子は自分の美貌を鼻にかけるような人ではなく、誰にも自然体で接し、職業柄、当然と思われる野心や野望など、欲の一切ない本当に無心な性格の持ち主です。でも自分に合わない仕事はきっぱり断ります。かといって本人が言うほどわがままではないのです。彼女は美の女神だけではなく、運命の女神からも祝福されてみるみる日本の女優の頂点に立ってしまいます。

彼女の美しさは戦後の荒廃した暗い世相の中に咲いた大輪の花のように天上から光を投げかけてくれ、敗戦で打ちのめされていた日本人の魂に美と活力を与えてくれたように思います。造形的に美しい人は他にもいましたが、彼女の美にはその内面から迸《ほとばし》る力があります。

彼女の好きなものは読書と泣くこと、そしてビール、さらに怠けること。「風邪を引けばハナも出る。寝不足なら目ヤニも出る」という庶民感覚の持ち主で時には大きい口を開けて笑いもする。そんな原節子が「愛情を与える人がいない」という悲しみを抱いたまま、映画界を去って半世紀になろうとしています。原節子はいまいずこに?

遊び・自由・ユーモア

梅棹忠夫、語る

梅棹忠夫（日経プレミアシリーズ）2010.10.31

生前、今西錦司さんと対談した際、「あんたは学者と違うさかいに今日は遺言のつもりで何でもしゃべるでえ」と言って今西弁の放談が始まったが、本書を読みながら、梅棹さんと今西さんがダブってならなかった。というのは、この書が出る前に梅棹さんが亡くなられたので、最後の言葉が現在の日本人に対する遺言に聞こえるのだった。だとすれば心して拝聴せなあかん。

梅棹さんの底の抜け方は今西さん同様、尋常ではない。痛快の一言につきる。冒頭から全編、日本のインテリに対する批判が炸裂する。「インテリというものはサムライの後継者」で「オレたちが知識人だ」と町人民衆をバカにしていると――。

例えばこんな調子だ。「こんなあほらしいもん、ただのマルクスの亜流やないか、……何の独創性もない」と著名な学者の実名を挙げて痛烈にこき下ろす。他人の本を読んでいるだけでは独創性は認められない、独創は思いつきから生まれるもので、「悔しかったら思いついてみい」と、頭で学問をする人間への舌尖《ぜっせん》はとどまるところを知らない。

学問からは思想は生まれないので自分の足で歩き、自分の目で見たものを自分の頭で考えた文章を書くべきで、他人の本を引用する文章家を「虚飾や」と一刀両断に切り捨てる。

そして自分の人生を究極的に決定したのは「遊びや」と主張し、ついでに思想も遊びにしてしまう。このことはまさに芸術にも一脈通じ、人生の無目的性へと昇華していくが、こんな発想を裏づけるように自らを老荘の徒と呼び、無為、自然の道を重んじた老荘思想の実践者であった。

未練も物欲も享楽に溺れることも捨てた「痛快なる無所有」者は齢《よわい》90という長命のせいではなく、元来がニヒリストで「明るいペシミスト」(本人弁)として、人類全体の一個体として消えていく存在と自覚しておられたようだ。かつて今西錦司さんをリーダーとして学術探検に出かけるなど、すべて自前の足と目で学んだ梅棹さんの人生観に触れてみたら如何《いかが》やろ。

老耄と哲学
思うままに

梅原猛（文芸春秋）2015.04.12

有象無象、森羅万象、永久不変の造化を著者の驚異の好奇心に巻き込んで、ぐるぐる回転させる万華鏡を覗いているような言葉と思想を、23年間、新聞のコラムに連載し、今年90歳を迎えた著者の、このシリーズ10冊目の本。

僕はこの目《め》眩《くるめ》く言語空間の中で常に想像的刺激を養ってきた読者の一人で、このシリーズを哲学の書であると同時に芸術の書として、『ドラクロアの日記』と共に愛読してきた。

西洋哲学では人類を導けないと直観した著者は、40歳を過ぎてから日本文化の中核思想として「草木国土悉皆成仏《そうもくこくどしっかいじょうぶつ》」なる仏教思想で、西洋の人間中心の思想を脱し、「新しい人類哲学」を打ち立てながら、西洋の哲学体系に挑むべく、その対決のさまは本書にも随所に見て取れる。

以上の理念に発心し、すでに年月が経《た》つが、その間にも著者は小説、戯曲をはじめスーパー歌舞伎、スーパー狂言、スーパー能などを書き、芸術家の顔を貫きながら、その絶えざる意欲と好奇心は、すでに「老耄」の域を飛び越えており、想像力は神がかり的で天の助力によってか霊力が増す一方。「古都に棲む怪物」以外の何者でもない。

著者の数々の名著は本人の言葉を借りるまでもなく「天から降りてきた霊感によって書かれたもの」である。普遍的な芸術はおおむね霊感によって生まれるもので、従って芸術家は予言者であると同時に、霊媒的な資質を有する。

そして驚くのは著者が長命であることだ。夫人の「仕事をやめて!」という願いを無視。健康を心配される夫人だが、創造エネルギーが燃焼を止《や》めない限り、精神的肉体的にも長寿を約束される。

著者の場合、創造的行為に内在する遊びと自由と笑いがその原動力で、また夫婦円満の秘訣でもある。梅原哲学が笑いの絶えない家庭薬であり、家庭こそが哲学の生まれる場所なのかもしれない。

フリープレイ
人生と芸術におけるインプロヴィゼーション
スティーヴン・ナハマノヴィッチ、
若尾裕訳（フィルムアート社）2014.10.26

「新しいものの創造は、知性によって達成されるものではない。内面の必要性から、直感的におこなわれる遊び《プレイ》によって達成される」（ユング）

本書は、人生と芸術におけるインプロヴィゼーション（即興）のこころの内側を発掘する即興ヴァイオリニストの探究の書である。

著者は創造時に即興的体験によって、音楽的行為の範疇《はんちゅう》を超えたスピリチュアルな領域に自己を見いだし、インプロヴィゼーションこそ創造の「マスターキー」と考えた。そして全ての芸術がインプロヴィゼーションを核としていることに気づき、創造を「至上の遊び」と規定する時、制約から解放され、自由な精神を獲得する。

芸術が創造される時、私たちは子どもが遊ぶ時のように夢中になり、私が消える必要があり、自己と環境が一体化する。この瞬間、私たちは知性や知識から完全に解放された〈サマディ（三昧《さんまい》）〉状態になり、恍惚と感覚の覚醒を体験することになる。

私がキャンバスに向かい、一種の陶酔を覚える時、頭の中から言葉が追放され、ものが考えられない状態を味わい、身体的な技術のみの動作に体をゆだねることがある。この瞬間は描く目的も手段もなく、筆先が勝手にキャンバスと戯れているのを、他力と自力の中間で見つめている。創造意識からも離脱して、やっていることに成り切っているとしか言いようがない。

このような瞬間、インプロヴィゼーションは〈自由〉になるために「限界を越える手段として形式や制限を使」うと著者は言う。無意識の享受を恐れる者にとってはインプロヴィゼーションは危険である。しかし失敗こそ芸術神の恩寵でもある。

著者は「失敗の力は、創造を阻むものの枠組みを変え、それらを逆転させることができる」と語る。創造的側面に限らず、人生においてもインプロヴィゼーションの力は働く。

ギャンブラー・モーツァルト
「遊びの世紀」に生きた天才

ギュンター・バウアー、吉田耕太郎・小石かつら訳（春秋社）2013.09.22

今まで読んだ何冊かのモーツァルトの伝記でも、彼の常軌を逸した遊びには面目躍如たる異端児ぶりに思わず瞠目してきたが、そんなモーツァルトの「遊び」の世界をさらに徹底的に眺めることで、〈遊ぶ天才〉を文化史的に、平易な文章で探ろうとするのが本書の狙いである。

モーツァルトの生きた18世紀はそのまま遊びの世紀でもあった。全ての遊びに通じて社交の場の主役になり、舞踏会のハシゴを繰り返しながら貴族の家々を訪ね、人々の称賛と名声の輪の中をスイスイと魚のように泳ぐモーツァルトの華麗な姿がまるでロココ絵画のように彩られていく。

遊びの達人モーツァルトは舞踏の名手であり、熱狂的なビリヤードプレーヤーでありカードプレーヤーでもある。「海千山千の不屈のゲームプレーヤー」のモーツァルトは遊びの森深く建造された魔宮に棲む魔術師でもある。文化の中に遊びが存在するのではなく、遊びはあくまでも文化に先行しているとするホイジンガの哲学を、そのまま先取りしているようなモーツァルトだ。

遊びは真面目と対立する概念であり、私がツイッターを通じてしばしば芸術の遊戯性に触れる時、返送ツイートの中には、真面目を道徳的にとらえ、逆に遊びを不真面目な悪ふざけのように認識する人たちがいるのも事実である。私は、芸術家の遊戯性を排除した芸術作品は存在すべきでないとさえ思っています。

遊びが日常生活からはみ出した存在であることを理由に悪《あ》しき文化とする傾向に対しては、抵抗しなければならないと思うが、一方では過剰な遊びを大衆文化の核として受け入れ、文化に先行した遊びを自由と勘違いして、いつの間にか創造の精神を喪失してしまっているような気がしないでもないのである。遊びと真面目の真の関係の回復のためにも今、本書を必要としたい。

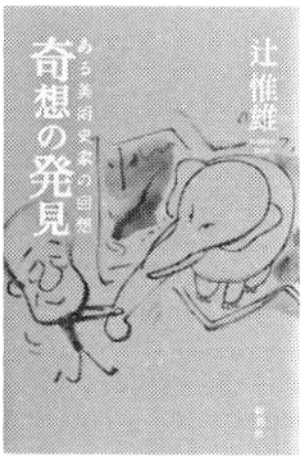

奇想の発見
ある美術史家の回想
辻惟雄（新潮社）2014.09.07

「ノブちゃんのオデコは大きいオデコ、雨が降っても傘がいらない」。近所の魚屋のお兄さんが著者の子供時代をこうからかった。そういえば「マルコメ君」に似たノブちゃん、どこか不安げなとまどった表情の写真が冒頭に掲載されているが、本書の様々な人生の局面で、実に効果的にこの表情が癒やしてくれるのである。だから、著者の人生にいかなる理不尽なことが起ころうとも「偶然」という運命におまかせして、読者は次のページに目を移せばよろしい。偶然がさらなる偶然を招く。読者が著者の人生と同化するに従って「先生」はやはり「奇の人」であることがごく自然に納得できる。

幼い頃の祖母の不思議な霊体験から始まって、生きた心地のしない空襲、死者のうめく身の毛もよだつ地獄絵図的現実をくぐり抜けて、長い長い時間の果てに巡り逢う「奇想の画家」たち。両者の邂逅は親和性によるもので、単なる偶然ではなく、ノブちゃんに生まれながら内在する宿命的な因子の成せる必然であろう。

さて本書の後半では、「めそめそピーピー」のノブちゃんはやがて『奇想の系譜』（1970年刊）を引っさげた美術史家として美術界に震動を巻き起こすことになるのだが、世はモダニズムの全盛期。業界からは単なる「奇の人」、異端の美術史家として斜めに見られる存在だった。日本文化の根底には「飾る」文化とそうでない文化があり、「あそび」「かざり」「アニミズム」という日本美術のキーワードが真面目な美術史家の間では恐らくまだ受容されない時代であった。

あのノブちゃんの写真をもう一度眺めてもらいたい。奇の相が刻まれていないか？　梅原猛氏が辻氏をミホ美術館長に推挙する時、会長にこの人は「奇人」だと告げた。会長は「奇人は正直だから」良いと言われた。本書の魅力は全編ノブちゃんの持って生まれた正直さで貫かれている。

ブギの女王・笠置シヅ子
心ズキズキワクワクああしんど
砂古口早苗（現代書館）2010.12.12

廃虚と化した焼け跡風景の中に、まるでCGによるSFパニック映画の一シーンのように大阪城だけがポツンと取り残されていた。終戦後、母に連れられて鶴橋の闇市に米を売りに行った時、聞こえてきた歌は竹山逸郎の「異国の丘」でも並木路子の「リンゴの唄」でもなく、笠置シヅ子の「東京ブギウギ」だった。

「私が書かなきゃ誰が書く」と言って書いたのが笠置シヅ子と同郷の香川県の人。笠置が読んだら、わてほんまによーいわんわ、と欣《きん》喜《き》雀躍《じやくやく》間違いなし。彼女へのおべんちゃらばかりではなく、彼女の心の扉をこじ開けて不透明な闇の部分にも分け入る。

例えば、彼女の持ち歌を歌って、彼女の廻りをハエのように飛びかう子供の美空ひばりにイケズをしたとかしないとかはよう知らんけど著者は笠置の肩を持つ。また、古川ロッパの足を引っ張るような発言など人気者にはスキャンダルがつきものだ。

もっと面白いのは、あの三島由紀夫が笠置シヅ子に「天皇陛下みたいな憧れの象徴」と最大級の賛辞を送ったことだ。それを面と向かって言われた彼女はほんまにびっくりしはったやろな。彼女を天照大神とかアメノウズメノ命《みこと》と言うならともかく、天皇陛下でっせ。

子供の頃の僕なんかは、昨日までの軍国主義を彼女がハイヒールで蹴飛ばしてくれたことでマッカーサーの「アメリカさん」にぞっこんやった。GHQの占領下で暴れまくるブギの女王こそ自由と平和と解放の象徴だった。何しろ黒澤明が彼女の歌を作詞し、映画「酔いどれ天使」で歌わせているほどだ。

笠置シヅ子のファンには時代を代表する錚々《そうそう》たるインテリが名を連ねている。彼女の生き様は芸人というより芸術家の資質に近い。三島由紀夫は明治以後の三人の女傑——与謝野晶子、三浦環、岡本かの子に笠置シヅ子を加えた。「秩序のないところには芸術も美もない」と、ただ奔放に歌って踊っているのではないと笠置を評価。ビートルズを認めようとしなかった三島だが、笠置シヅ子を芸術家の一人として認めた。大賛成。

寅さんとイエス

米田彰男（筑摩選書）2012.09.02

「男はつらいよ」をわれわれはどう見たか。僕は登場人物や事物をユングの元型の考え方に当てはめて見ていた。トリックスター、太母、老賢人、アニマ、アニムス、ペルソナ、影、死などの元型が人物に付与されることで個々の性質の説明がついたものだ。毎回、寅さんが見る夢を人類の普遍的神話と勝手に解して、ユング的世界観で寅さん映画を堪能していました。

ところが、そんな寅さんと実はイエスが類似していると、映画と聖書を比較しながら具体的に実例をあげて神父さんが解明していく書籍に出会った。寅さんもイエスも故郷を捨てた風天である。風天は徹底的に「暇を生き抜く」自由人であるが、女性には触れない。「情欲をもって女を見る者は心の中で姦淫したも同然」（マタイ伝五章）と、なかなか手厳しい。「男はつらいよ」の最終回で寅さんはリリーさんの肩を抱こうとして肩すかしを食う。姦淫未遂に終わる寅さん？　とはいうもののイエスも色気があったと言う。いずれにしても両者とも「野生の革命家」かつトリックスターである。

本書の四章で著者はユーモアについて興味深い考察を展開する。寅さんはユーモアが服を着て歩いているようなものだが、イエスは真逆の堅物人間かと思いきや、実際はユーモア人間で、絶望の底で苦悩する人々をユーモアで救う道化を演じ、自己を無化し、回心に導いたと著者は言う。

ここで提案。両者がそんなに類似しているのなら、２人のキャラを交換したらどうだろう。寅さんをイエスそっくりにし、話の内容はいつも通りだが、話術はイエスの口調で。またイエスには寅さんばりの下町言葉で民衆相手に説教を。２人とも型破りの生き方を示してきただけに、聖書は面白く書かれ、寅さんイエスは宗教を超えた新しい時代の芸術として人間回復をモットーにした創造的社会を提示する、と夢・幻・現の中で僕は本書を静かに閉じた。

天才・狂気

早世の天才画家
日本近代洋画の十二人
酒井忠康（中公新書）2009.06.07

夭折の画家は、なぜか天才の呼称を付与されることが多い。『早世の天才画家』には享年43歳の小出楢重を筆頭に、岸田劉生38歳、村山槐多22歳、関根正二20歳など、計12人の画家の人生と芸術（必ずしも混同されない）が論じられている。驚くことに日本の近代絵画を代表する約半数が夭折の画家だ。

彼らの残した作品のすべては未完である。にもかかわらず、その後の絵画史に決定的な影響を残した。もし彼らが延命していたら？　と想像することは意味がない。彼らはあたかも自らの寿命を予知していたかの如く、短い人生を激しく燃焼し尽くして駆け抜け、その代償として天才の名をほしいままにした。

とはいうものの、著者は死者を語るにある種の気の重さを吐露すると同時に、「画家の身の丈ではかる尺度を無視して」いるのではと自戒の念を込めて良心に問いかけるが、つきつめれば結局無視せざるを得ないのではないだろうか。

生の途上で突如切断された生。そこを起点に論じられる死者の不満を別にしても、彼らは彼岸《ひがん》の星の視点から此岸《しがん》を観測するしかなく、その彼らの視線を背後に感じつつ著者は、この寸善尺魔の現世で天体望遠鏡ではなく「猫背の視角」をとりながら「画家のむこうに歴史」の痕跡を採集する、そんな姿が浮かぶのである。

芸術家である以上、無意識に誰しも一度は夭折に憧れるものだ。私もその一人だった。29歳の時、自死を主題にした作品を作り、死亡通知を新聞に掲載、初めての作品集を「遺作集」と名付けた。

そしてその後の恥多き人生を足に重しをつけて、格子なき牢獄の中をぐるぐると牛歩している。それが残された者のカルマと言わないまでも務めというものかも知れない。このような思いが、著者の言葉の数々を通じて読む者の毛穴の中に食い込んでくる。

『早世の天才画家』によって彼らが供養されたかどうかはあずかり知らぬが、ページをめくるたびに、苦き青春の香りと風が鼻先を掠《かす》めて走ってゆく。

天才の秘密
アスペルガー症候群と芸術的独創性

マイケル・フィッツジェラルド、井上敏明監訳（世界思想社）2010.01.17

我こそは天才なりと自認、もしくは密かに天才性を誇る芸術家には、この本は自分のことを書いているという妄想を呼ぶ。この思いこみがすでに軽度の自閉症、アスペルガー症候群の人である証拠ともいえそうだ。

しかし、心配ご無用。本書は芸術的天才性をもつアスペルガー症候群の人たちを嘲《ちょう》罵《ば》することも責めとがめることもない。むしろ、称賛するのが目的なのだ。といって彼らがすべて天才かというとそうとも限らない。文学や音楽や絵画などにおける天才芸術家に共通する多くの資質にアスペルガー症候群の特徴がある、と言っているのだ。

それはどんな特徴なのかというと、社会的地位に関心が薄く、虚飾を嫌う。また、ベートーベンみたいに無頓着なほど無防備で、かと思うと支配的で利己主義が強く、バルトークのように子供のような純真性を持つ。そのうえ、不器用でがんこ、対人関係が苦手ときている。コナン・ドイルやエリック・サティみたいに、宗教的気質を特徴とし、精神世界や魔術的なものに惹かれ、超自然やオカルトに傾倒する傾向もある。サティは技法的には無能でランク的には二流とされるが、この短所を長所に変えてしまう天才的能力が一方にある。彼らに特徴的な反抗的、反体制的資質がそれを可能にするのだろう。

また、アスペルガー症候群の人は狂的な蒐集魔《しゅうしゅうま》でもある。特にアンディ・ウォーホルは物を捨てられない習癖が強く、自分がアートで何をすべきかもわからず、私の言いたいことは絵の背後にある、と発言した。

でもこれで十分じゃないか。すべての人が何をすべきかわかっているのか、とウォーホルに代わって問いたい。彼は人格的に未成熟と指摘されるが、芸術の核はアンファンテリズム（幼児性）。芸術家なら幼児の純粋な視線を取り戻せるはずだ。

そして天才芸術家には、自分がエイリアンだと思っている場合があるらしい。あるいはゴッホのように、「狂人の役どころを素直に引き受けようと思っている」者も、彼らの中には多いのではないだろうか。

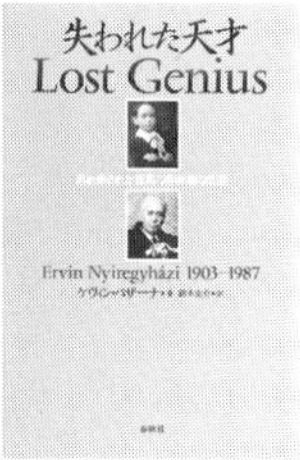

失われた天才
忘れ去られた孤高の音楽家の生涯
ケヴィン・バザーナ、鈴木圭介訳（春秋社）2010.03.14

時代が天才を渇望しているのか、近頃「天才」を表題に付した本が目につく。私もこの欄で2冊紹介した。なぜか天才には人を熱狂させる魔力が潜む。

『失われた天才』のニレジハージは、予想不可能な行動に出るピアニストであり作曲家だ。時には黒い絞首刑用のフードを頭から被《かぶ》り、プロレスラーみたいに「ミスターX」と名乗って演奏する。ひとたびキーを叩けば前代未聞の音を出し、聴衆は即座に彼を天才と奉る。本人も「俺を通じて神は語る」なんて豪語する。

彼はドストエフスキーの小説の「常軌を逸した」人物と自分を重ね、ダンテ、ゲーテ、シェークスピアらの古典に親しむ。特にジュール・ヴェルヌの影響が大きく、リストと同様、人生の「暗黒面」を暴くことを恐れない彼の神、オスカー・ワイルドの「ドリアン・グレイ」を敬愛する。また、彼の好色は常軌を逸し、セックスこそ「人生における熱中の対象」と謳い、なんと生涯に10回も結婚する。

ブダペストで名声を上げたあとアメリカに渡るが、これが彼の「終わりの始まり」になる。17歳の天才、「ピアノ界の若きリスト」のアメリカ初舞台はカーネギーホール。彼の魔術的な演奏は女性らをたちまち魅了するが、同時に批評家は「天才に酔いしれる変人のような演奏」と批判。カリフォルニアでの成功を頂点に凋落《ちょうらく》の一途を辿《たど》る。

にもかかわらず、ニレジハージは一切の妥協を許さない。彼はピアノを弾くより、むしろ作曲を好んだ。折衷主義によって多彩な表現を見せながら、個人的体験に色濃く基づいたその態度は、作品の中に芸術家を隠すことが芸術の目的という、彼が私淑するワイルドの主張と矛盾しているように思われる。

ニレジハージの音楽が、かつて誰も聴いたことのない音楽、何にも似ていないという誉《ほ》め言葉にもかかわらず、彼が没落したのはこの誉め言葉にあった。誰にも似ていないという独自性こそが逆に、音楽の歴史的文脈の延長上に立脚していないことを証明する。そこがアマチュアに見られたのだろう。

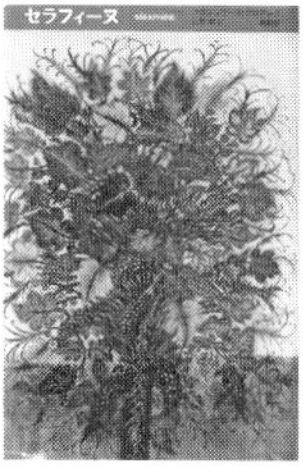

セラフィーヌ

フランソワーズ・クロアレク、山形梓訳（未知谷）2010.08.22

6歳で孤児になったセラフィーヌ（素人歌手スーザン・ボイルに似ている）は修道院で家政婦をする田舎女だが、ある日聖母から「お前は絵を描かなければならない」と啓示を受け、天上の存在との交信が開始された。セラフィーヌ41歳だった。

絵の経験のない彼女は神の道具として従った。芸術家の才能と霊感は無縁ではないが、彼女は秘密の声と交わしながらまるで性交のように絵を描いた。そんなある日、ピカソやルソーと交流のある画商ウーデと出会い、彼から経済的支援を受けることになる。こんな運命の開花も神の指示によるものらしい。

だけれども、ここに落とし穴があった。やがて世界的名声の幻想に浸り始めたセラフィーヌは栄光と没落を同時に味わわされることになる。理性を手放した彼女は一歩ずつ狂気に近づいていく。そしていつの間にか天使は悪魔に追放されて、彼女は名誉欲と物質欲に翻弄され、聖母や天使との回路を自らが断ち切ることになる。

そして誇大妄想と強迫観念と幻覚症状に襲われ続けて、絵も描けなくなり、ついに精神病院で一生を終わる。著者は彼女の「天才と狂気」を、創造のレベルで論じられるべきであると記しながらも、セラフィーヌに対する疑問がわれわれにどんな影響を呈するのだろうか？と自問しながら結んでいる。

確かに彼女は神の道具であろうとしたが、一般の芸術家が受信する霊感のレベルではなく、むしろコンタクトの次元だ。もし神に目的があるとすれば、彼女を道具として神の波動を世の中にもたらす計画があったと推測でき、その計画は半ば成功したかに見えるが、彼女の度を超した名誉欲と物質欲は神の意志に反する願望であったように思える。彼女が増長し始めた頃、天使が彼女に忠告をするが、その声を無視して個人的欲望の具現者に変容していく。

従って、神が彼女を見放したとも考えられよう。神への依存が断たれたセラフィーヌは、神無き後、もはや彼女には自立した生き方は不可能になっていたのである。

芸術か人生か！

芸術か人生か！レンブラントの場合

ツヴェタン・トドロフ、高橋啓訳（みすず書房）2010.01.10

レンブラントの作品をすべて色と形だけで解明することはできない。そう考える多くの評者は、その背後にある彼の思考に光を当てようと試みてきた。

ピカソと同様、レンブラントの大量の自画像にその秘密が隠されていると感じるとき、まず一般的に考えられることは、自分のことしか関心のないエゴイストのレンブラントである。しかし、もしそうだとすれば彼の作品は時代を超えた普遍性をもち得なかったはずだ。

例えば大げさな扮装で王侯や乞食、死刑執行人から犠牲者まで演じたコスプレは、ナルシスト以外の何者でもないと判断するのが一般的な見解であろう。だが、彼のコスプレは自らを描くのではなく、単にモデルの役を務めているだけなのである。

　そこが凄い。自身が家族や周囲の人間をまるで私小説のように個人的な世界として描くのではなく、私的な世界を排することにより個人を個という普遍性に転移させているのだ。私的な世界は普遍性を閉じて、ちんまり収まった世界に陥る危険性をはらんでいるので、絵画が芸術として成立するかどうかがこの一点に絞られている。

　日本人になじみ深い岸田劉生の「麗子像」が麗子で終わるのか、それとも作者の自我への執着が普遍的な人間一般へと混合するのか、そこが美の決め手であろう。レンブラントの驚異は自画像に限らず、自身の子供や妻に対する実生活の経験も、彼の芸術の優位性によって、愛情がないのではないかと思わせるほどますます乖離《かいり》していく。

　レンブラントは、この芸術的創造に不可欠な条件として、自らが他者の外側に立つことを許している。だから、鑑賞者はその作品の中に、彼や彼の子供や妻を認めるのではなく、鑑賞者である自らを作品を通して再発見するのである。

　芸術家である以上、個人を超えた個としての普遍性をいかに手に入れるか、それが彼の最重要課題となる。それにしても、レンブラントの家族たちは彼の創造と、芸術家としての彼に、心ならずも知らず知らず奉仕させられているのである。

路上のソリスト

失われた夢　壊れた心　天才路上音楽家と私との日々

スティーヴ・ロペス、入江真佐子訳（祥伝社）2009.07.12

この本はいろんな意味で面白かった。正確には、精神疾患に関心のある著者ロペス氏の言動が興味深いと言うべきか。彼の献身的な物語（ドキュメント）に付き合わされるのだが、僕はその視点や思いこみから逃避するのに必死だった。

著者は、米有名紙のコラムニスト。ある日、スラム街の路上でバイオリンを弾く50代の黒人男性と出遭い、その才能に一目惚れ。さあ、ここからが大変。彼は頼まれもしないのに男のために一肌脱ごうとする。住居や様々な楽器まで与えるのだ。

だけど男にとっては余計なお世話。彼は日本の世捨て人、鴨長明や山頭火のように、現状の自己と芸術と生活をこの上なく愛している。世俗的な名誉や物質的欲望には興味がない。音楽以外、何も求めていないのだ。

そんな男の孤高の精神に、著者は救済という名の良風美俗な慈善的行為や博愛主義を持ち込もうとする。著者の側に立つ読者はヒューマニズムとして共感するかもしれない。だが、その反対に路上生活者の側に立って著者を見ると、偽善的な俗物としか見えないだろう。

なぜ俺にチョッカイなど出すのだ、お前は自分の生活と仕事と家庭にだけ目を向けていればいいじゃないか、そんなにヒューマニストになりたいのかと、僕でもその男だったら思うだろう。かつてジュリアード音楽院に籍を置いた音楽家が、落ちぶれて路上生活者になったからって著者には何の責任もない。

ある日、男は著者の不法侵入が許し難く、あわや殺人者になるところだった。そこまで男を追いつめたにもかかわらず、著者は最後まで芸術家の本性が理解できないのではないか。男を日の当たる場所に連れ出すことがジャーナリストの社会的良心だとすると、それは相手を間違ったと言うべきだろう。

本当の芸術が落ち着く場所は、芸術を愛する魂が宿る場所だ。たとえ著者の尽力によって社会的に成功したとしても、男はその代償として魂本来の居場所を失うことになるだろう。この本で僕は、芸術と自由の姿について改めて考えさせられた。

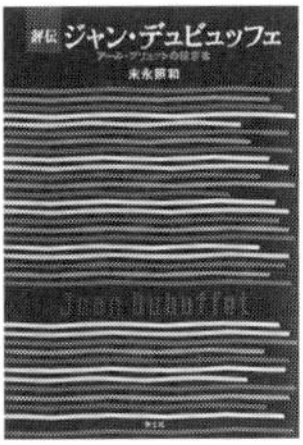

評伝　ジャン・デュビュッフェ
アール・ブリュットの探求者

末永照和（青土社）2013.01.06

ヴェネツィアに次ぐ世界最大級の国際展サンパウロ・ビエンナーレに１９６１年、フランス代表として招待出品の要請を受けたデュビュッフェはあっさり断った。理由は自国の国家宣伝の道具に自分を利用するなんて、そんな「姑息な駆け引き」には乗りたくないというのだ。かつてこのような理由で出品拒否をした作家はいただろうか。

デュビュッフェは西洋文化の価値や伝統、制度の中で作られた芸術を「文化的芸術」と呼び、真の画家をめざす自分は職業的画家であってはならず、「文化的軌道」と無関係に存在する子どもの純粋無垢な精神と同等の絵こそ「文化的な回路」で描かれた以上の効力があると言う。

彼がアール・ブリュット（アウトサイダー・アート）の発掘に力を入れる理由はこんなところにもある。彼は人間と自然の関係と、未開社会の人々の妄想を重視し、自らの芸術は発展途上の精神の深奥に眼を向けると同時に、西洋文化の言語による思考伝達よりも絵画の方がそれ以前の思考を伝える手段としてははるかに有効であると説く。

また西洋の美と醜の二者択一の概念を否定し、美や醜はどこにもなく、「あきれて、腹が立つ」と無邪気に言い放ち、美と醜の区別をする西洋の習慣を徹底的に批判する。そして芸術の使命は「壊乱」にあるという。デュビュッフェの思想と生き方には気まぐれの精神が宿っているが、著者とデュビュッフェの考え方は実に示唆に富んだ多くの内容を持つ。

ぼくがデュビュッフェに惹かれたひとつは、膨大な作品を制作する傍《かたわ》ら、彼の日常生活の中で普通人以上に生活者であることだ。生活に伴う多くの雑事を片っ端から処理しながら、病弱の妻のためにも自らのためにもたえず走りっぱなしである。絵さえ描ければいいのではない。芸術家以前に立派な生活者であることに、ぼくは感動するのだった。

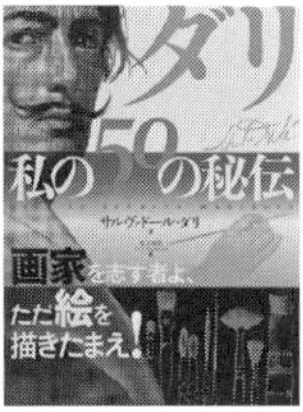
ダリ
私の50の秘伝
サルヴァドール・ダリ
画家を志す者よ、
ただ絵を
描きたまえ！

ダリ・私の50の秘伝
画家を志す者よ、ただ絵を描きたまえ！

サルヴァドール・ダリ、音土知花訳（マール社）2010.02.28

信じられないことだが、ダリが画家の卵を対象に、１９４７年に技法書を書いていた。長らく絶版だったらしいが、今頃になって日本語でお目見えした。どうせダリのことだ。まともな技法書など書くはずがない。ところが中身は例によって偏執狂的かつ批判的ではあるが、理性的判断からは決して逸脱していない。意外といえば意外だが、ちょっと不満でもある。

ダリは、妻ガラと共に神秘と謎に満ちた実生活を厚いベールで隠蔽しているにもかかわらず、機会あるごとにその内実を公開したがる性癖がある。以前、アポなしでダリ邸を訪ねたときも彼の好奇心から迎え入れてくれ、ボクはダリとガラに会った。こんなふうに彼らの秘密は時に小出しにバラしもする。

そんな気まぐれな謎を演出するダリはそのまま彼の作品にも反映していて、秘密にすべき謎まで白日のもとに晒《さら》し、自らの手で解明したがる。だから技法の公開など、ダリにとっては何も恐れるに足りないのだ。

この本を読みながらふと、貝原益軒の『養生訓』を思いだした。益軒さんは師を求め師から術を習うべきだと諭す。師も教えもなく、養生の術も知らないでは、道を成し遂げるのは困難だとするが、ダリの教示せんとするのはまさにこのことだ。

ダリは〈50の秘伝〉を挙げ、画家にアルコールやセックスの条件的謹慎を促し、目と手を粗末にすることを戒め、自作に罵詈雑言を吐くな、目覚めていながら眠るべし、何々を食べろ、ダリを真似ろ、と示唆する。あげくの果てに、妻ガラと結婚しなければならないと曰《のたま》う。

またご丁寧に、絵の具、オイル、絵筆、パレットなど、画材に至るまで画家の〝企業秘密〟を公開する。描法についても、カップルを描くときは男性から描き始め、顔は明るい部分から顎《あご》、頬骨と進み、最後に目を描けと、こと細かい。だがダリの錬金術に従えば自ずとダリ風のリアリズム絵画に向かうので、万人の技法とは言えまい。

とはいえ、ダリの「絵画養生訓」は、薬で言えばケミカルというよりも漢方薬である。

アート・スピリット

ロバート・ヘンライ、野中邦子訳（国書刊行会）2011.09.18

以前、サルバドール・ダリの偏執狂的絵画指南書を紹介したことがあるが、本書はエドワード・ホッパー、マン・レイ、スチュアート・デイヴィス、ノーマン・ロックウェルらアメリカの巨匠を愛弟子《まなでし》とした画家ロバート・ヘンライの、80年の長きにわたって読まれた芸術と人生の奥義を明かす美術講義録だ。

だが、マン・レイはヘンライの絵を評価しなかったし、ロックウェルなどは著者の語る「アートの圧力」に怖《おじ》けづいて逃げてしまう。「アートの圧力」とは一口に言うと、美術のための美術ではなく、画家の人格丸ごと芸術という名の悪魔に魂を捧げるぐらいの覚悟があって初めて天才になり得るので、画家を目指す者はのっけから「巨匠でなければならない」とヘンライ先生はアジる。さらに、画家の眼は真実を見抜く心眼がなくては芸術と人生の一体化は無理だと。何でも試す勇気と冒険、好きな絵の模写を通して技法を磨き、その上肩の力を抜いて唇に歌を忘れず、自己の魂に忠実に全身全霊を捧げて絵画の謎に挑む。そして自己を知るためには豊かな感情と知性のバランスも必要である。

さらに大事なことは、国家、民族、時代、社会、家族からも自己を切り離す。つまり個我に縛られない普遍的な存在を目指して初めて「偉大な芸術家」といえ、世間のルールや常識を断ち切って自由な存在にならなければならないと、耳にタコができるほど彼の教義はマントラのように反復される。なぜなら良質の作品は記憶が産むからだ。

本書を読んだキース・ヘリングやデイヴィッド・リンチも、『アート・スピリット』を座右の書として重宝した。技法的にはかなりアカデミックだが、現代美術家はさて、どう見るか。この本のもうひとつの魅力は、巻末の滝本誠氏によるヘンライの小伝で彼の少ない貴重な資料として、本文に負けず劣らず読みごたえがあった。

パラダイスの乞食たち

アーヴィング・ステットナー、
本田康典・三保子ステットナー訳（水声社）2009.09.27

ヘンリー・ミラーの『北回帰線』に影響を受けた米ブルックリン生まれのアーヴィング・ステットナーは、ミラーがしたようにパリに渡って創造的人間を目指し、作家を夢み、芸術のための人生を実践しようと試みる。

だったら僕も、彼と並走するために『北回帰線』を読むことにした。著者ステットナーの実践的ライフスタイルとは自らを窮地に追い込み、ホテルを転々としながら汚物と精液の匂いのする貧困生活の中で、次から次へと女を換え、生活破綻者たらんと芸術人生を演じ続けること。

そんな彼はパリを恋人のように愛し、「この世で一番の幸せ者」と豪語しながら、街頭で似顔絵を描く乞食生活も厭《いと》わない。ミラーと同化しながら、ミラーの〈生活と意見〉を主題にした彼は自身の『北回帰線』、本書を書こうとする。

彼はこの一冊を書くためにパリで常軌を逸した12年間の人生を送る。だけど、彼の人生と芸術はなぜか乖離しているように思えてならないのだ。彼の外的現実は芸術家にとってこれ以上望むべくもない、ほぼ完璧な創造的条件に満たされている。にもかかわらずそれは、彼の内的現実と全く反射し合わない。

著者のギリシャ人の友人コスタは、「お前は芸術家の意味さえわかっちゃいない」とこっぴどく批判する。つまり実生活の体験が芸術に反映していないと言っているのである。

本書を読んで歯がゆくなるのはそこだ。つまり、芸術という悪魔に取り付かれていない著者にいらつくのである。確かに文章はうまく、ミラーが絶賛するように詩人の才能かもしれない。だが、それとこれは別だ。

著者の作家になるという夢が先行し、執着となって魂が解き放たれていないように感じる。その点、ミラーは自分が芸術家であるという考えも捨て、「文学と名のつくものはなにもかもぼくから抜けさってしまった」（『北回帰線』）と言い切る。

著者は「謙虚さ、忍耐力、畏敬の念、粘り強さ、犠牲を払うこころがまえが欠如していた」と芸術家の資質の欠陥をすでに自ら吐露していたのである。

ルシアン・フロイドとの朝食

描かれた人生

ジョーディ・グレッグ、小山太一・宮本朋子訳（みすず書房）2016.03.13

画家は一枚の絵を完成させるために描くのではない。絵を描く目的は、いかなる絵を創造するかではなく、いかなるプロセスを歩み続けるかという行為それ自体を目的にする以外に画家の存在理由はないのである。したがって、絵は最初から完成が放棄されており、未完こそが絵の生命であると言えよう。

画家にとって絵のゴールはない。常に不完全性においてのみ絵は成立するのである。画家ルシアン・フロイドも、「創造のプロセスがおそらく絵そのものより必要になる」と言う。鑑賞者は完成された作品を見ているのではなく、画家の創造におけるプロセスの時間の推移を見ており、絵の購買者はその集積された時間に大金を支払っているというわけ。その時間は絵の具の重なり合いであり、画家の気まぐれの筆致であり、画家の感情の乱れに付き合わされているに過ぎない。

イギリスの画家ルシアンは長い間フランシス・ベーコンの陰に隠れ、二線級の国内画家に甘んじていた。彼が国際舞台に登場するのは新表現主義、ポストモダンの画家の後退期。にわかにアメリカで評価され始め、国際スターとしてその地位を確立した。

著者は、ルシアンの人生の終焉《しゅうえん》まで35年間も追いかけ、本書でその破天荒で驚異的な生きざまをあぶり出した。画家の創造と不離一体の女性との赤裸々な性生活はそのまま反社会的だ。彼は反道徳的な行為を肯定することで自らの芸術を昇華させていった。

彼にとって芸術こそ最優先されるべき価値あるもので、家族や恋人、美術界の人間関係は彼の本能が許さないかぎり、すべて否定的な対象となる。にもかかわらず、その魅惑的な魔力によって常にカリスマ的存在であり続けた。

ルシアンの人生の価値は創造のプロセス同様、不完全性にある。ゆえに彼は謎と不可解、それ以上に危険なオーラを発散し続ける存在だった。

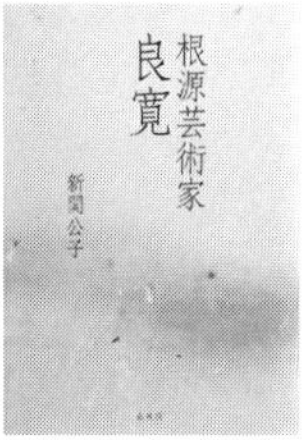

根源芸術家　良寛

新関公子（春秋社）2016.04.17

良寛といえば子供と手鞠《てまり》をついて遊ぶ乞食僧という印象が強いが、実際は謎の存在である。著者は良寛の書の芸術性から彼の生き方の真実にとりつかれたようだが、黙して語ろうとしない生涯に惹かれるのは、ぼくがデュシャンの謎に魅せられることとどこか共通するように思えた。

著者は良寛に対する過去の研究書の創作的な非事実性を、良寛の数々の言葉と足跡を身体的にたどりながら暴き、新説（事実）を展開していく。その心地よさには推理小説に似た爽快感がある。

一般的な良寛像は、本人が描く野心も苦悩もない気楽な乞食僧だろうが、著者はこのイメージは限定された一面と評し、実際は「驚異的なエネルギーを持った芸術的表現者」であると定義し、良寛の出家の動機に非社会性や無常観を見る従来の判断は、誤った土台の上に建てられていると批判する。

　自身の出家に関して良寛は沈黙を守っているが、自伝的漢詩の中にはちゃんと、出家は宗教的発心によるものではないと告白されているというのだ。一方、発心し、諸国行脚を修行と称して名刹を訪ね歩く僧をつかまえて「かわいそうな奴ら」だと軽蔑して嗤《わら》うのだった。

　著者が良寛のとりこになった直接の動機は、父の本棚にあった『書道藝術』の中の良寛の書に造形的な美術価値を発見し、「どうしてこんなにも美しいのか」と、その芸術性と生き方に「根源芸術家」としての天才を見たからだという。

「根源」の呼称を与えたのは著者であるが、純粋芸術とは別ものである。純粋芸術という言葉は、場合によっては芸術のための芸術、つまり芸術至上主義にとられかねない。芸術至上主義は芸術の中に於《お》いての自由の追求で、下手すると自己満足に終わる。一方良寛の芸術は生活に即し、また人生の中から生まれた芸術である故に根源芸術であろうか。

人生・邂逅・運命

野球にときめいて
王貞治、半生を語る

王貞治（中央公論新社）2011.05.01

「人生の節目ではいつも不思議な力が僕を導いてくれた」という王貞治。王さんの野球人生には「野球の神様」がついていないと考える方が不思議なくらい。次々と重なる偶然が、王さんのエネルギーによって多彩な〝野球作品〟を生み、その全貌をわれわれの記憶に焼きつける。

仮死状態で生まれ2歳まで歩けなかった王さんが、「世界の王」になるまでの道程を才能の成せる術としてわれわれは崇敬しがちだが、当の王さんの努力は人智を超え、神明をも味方につけてしまったようだ。「天才とは努力の結晶」だとすれば王さんは天才だ。王さんの血の滲《にじ》むような努力が、肉体に無意識の天才を刷り込ませたのではないだろうか。そして真ん中に来る球だけを打てばいいというこの単純な哲学に到達するが、ここに至る人間学の錬磨には頭が下がる。巨人の選手は常に「紳士たれ」だった。王さんは死球にも怒ったことがなく、球を怖いと思ったこともない「平常心」で戦えた。

王さんは実直で誠実で母親譲りの感謝の気持ちが厚く、一度も不満を抱いたことがない。ホームランバッターになっても長嶋さんを「天才肌」と称賛し、ライバル視せず、一緒に野球を出来たことの「幸運」を喜ぶ。次々と襲う最愛の家族の死を乗り越えて、巨人を退いたあとはついにダイエーを日本一にした。そしてソフトバンクの監督になるまでの紆余曲折や、自らの胃がんの手術を経て、なお「僕のような幸せ者はいない」ので「野球に恩返しをしたい」と野球への感謝を忘れない。

ぼくが長嶋さんにサインをもらった時、「野球というスポーツは芸術である」と書いてもらったが、王さんは「人生に似ている」と言う。王さんの野球と人生は一体化しており、ひとときも「野球にときめいて」いなかったことはない。そんな王さんにときめいたぼくは野球少年に戻ったのです。

アベベ・ビキラ

「裸足の哲人」の栄光と悲劇の生涯

ティム・ジューダ、秋山勝訳（草思社）2011.10.09

東京オリンピックのマラソンで優勝したアベベは、日本人の記憶に今なお焼きついている。そして彼の人生が栄光と悲劇で幕を閉じたことも。本書は、そんなアベベのコーチを買ってでたスウェーデン人トレーナーのニスカネンの献身的な指導の実態のドキュメントである。

ヨーロッパの選手を日本に運んできた帰りの飛行機を利用すれば旅費が安価だという理由で、僕はオリンピックの期間中ヨーロッパを旅した。そしてローマで東京の街を走るアベベの姿をテレビで見た。ローマを裸足《はだし》で走った彼が、白いソックスと白いシューズを履いていることに違和感を抱いたのを覚えている。

無名のランナーをオリンピックに出場させるまでに導いたニスカネンは常に控えめで、アベベの背後に身を隠しながら彼を叱咤激励し、オリンピック史上初の3連覇をメキシコに賭けたが途中棄権。あんなに子供のように純真で素直だったアベベは東京オリンピックの後、人が変わったように傲慢で尊大に振る舞うようになり、ニスカネンとの関係もギクシャクし始めた。そして足の故障に追い打ちをかけるように交通事故に遭い、ランナーとしては再起不能の車椅子の人となった。

それでもアベベはエチオピアだけでなく、アフリカ大陸の英雄には変わりなかった。「哲人アベベ」は「すべては神様の思《おぼ》し召《め》し」と悟り、自分の思いのまま生きたことを認識しながら「試練と戦って」いたが、彼の内面の苦悩は、相当なものであったことが想像できる。また、彼を寵愛した皇帝が革命で暗殺されたのはアベベの死の2年後だった。

一方、ニスカネンもすでにアベベから離れ、自らの人生が「無に帰してしまった」想いを抱きながら、第2の故郷エチオピアに骨を埋めたい望みも空しく、スウェーデンに没する。なんとも悲哀に胸痛む運命的な二人の生涯でありました。

梅原龍三郎とルノワール

嶋田華子編著（中央公論美術出版）2011.01.09

雲の上の巨匠といえども、当たって砕ければ意外と会ってくれるものなんだ。ぼくの場合のダリのように。梅原龍三郎はそうして自らの手でルノワールの門戸を開いたのである。

パリのリュクサンブール美術館でルノワールの実作を目にした20歳の梅原は、翌年カーニュ・シュール・メールの老ルノワールを訪ねた。この時の梅原の会見記を読んで小林秀雄は「全く文学臭の希薄な文」と評したが、その無垢な心が如何に高揚し、至福を得たかという気持ちはじんわりと小林の胸にしみるように伝わったに違いない。

この日以来、梅原はルノワールを師と仰ぎ、自らのキャンバスに師の芸術を移植すべく換骨奪胎を図るのである。このような幸運は人生の中でもめったに起こるものではない。それは彼の意志によるものか運命の作用によるものか、彼の後の人生が解答を出すことになる。

梅原はルノワールの誘いで写生旅行に同行し、巨匠の制作の現場に立ち会う。画家にとっては夢のような話である。キャンバスの上を走る筆の動きを目撃することは、ルノワールの如何なる箴言よりも尊い。この瞬間に梅原はルノワールの全存在を彼の肉体の肉の一片にまで刻みつけたことであろう。

5年間のパリ留学を終え、帰国した梅原が断腸の想いで迎えるのは師の死であった。すでに梅原はルノワールの影響下から脱却を図っていた時期で、内なるルノワール様式は滅却されていた。帰国した当時の梅原にはまだルノワールとの親和性が断ち切れていなかったが、その後の変容は東洋美術の導入やフォービズム、その他の様式を駆使しながら梅原独自の世界観を構築していく。

本書の装丁にはルノワールの「パリスの審判」とそれを引用した梅原の同題の作品がジャクスタポジション（並置）されているが、この梅原のコケティッシュな手法はマチスと棟方志功を合体させたような無邪気な、梅原の演劇趣味を匂わせるオペレッタ風の作品に仕上がっている。これを見るルノワールがどんな顔をするか見たいものだ。

呵呵大将

我が友、三島由紀夫

竹邑類（新潮社）2014.01.26

三島由紀夫には複数の仮面がある。どの仮面の三島と親交を結ぶかはその人間の資質が決める。相手によって三島は如何なる仮面をも手品のように着け外しできる。まるで主題によって変幻自在の様式を駆使する画家のように。

著者は業界で「ピーター」の愛称で呼ばれ、多くの仲間からその人柄と才能を愛された振付師であった。そんなピーターが三島に出会ったのは１９６０年代の新宿で、当時アングラ文化が若者の時代精神に決定的な核反応を起こさせ、街に祝祭の火を消すことなく燃え続けさせていた、そんなさなかだった。

２人の邂逅をピーターは「奇跡」と呼ぶが、両者にとって出会うべくして出会った運命なのではないか。本書で見せる三島の仮面はピーターのために誂《あつら》えた特注品であるが、言い方を変えれば〈素顔という名の〉仮面である。ピーターの前での三島は籠《かご》から逃げた鳥のように自由で無邪気な子供のようにはしゃぐ。

本書では、顰《しか》めっ面《つら》した文学者の顔や社会的立場としての鉄仮面も捨てた素《す》の三島由紀夫がエーテル体のように透明に浮かび上がる。従って三島文学や思想を探ろうとする研究者は肩すかしを食わされるかもしれないが、もし三島が生きていれば俺の精神の裸像は全てここにある、藷《いも》に真意が通じてたまるか、と呵呵大笑する、というのは評者の勝手な推測ではあるが。

ピーターは色のついた知性を超えた独特の肉体的言語と感性で、無意識のうちに三島から衣裳をもぎ取ってフォルムとしての三島像を彫塑して見せた。そんな被写体としての三島を読者は観賞させられているのかもしれない。

ピーターが三島を追っかけたのではなく、三島こそがピーターの追っかけであったように思える。本書を読みながら久しぶりに彼に会ってみたいなと思ったが、本書を閉じた次の日、ピーターは三島の元に足早に走り去った。

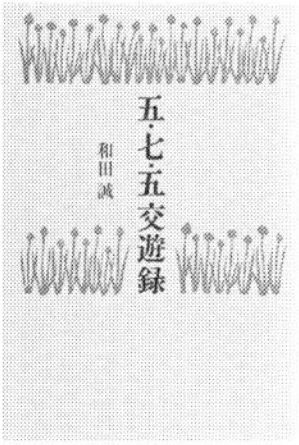

五・七・五交遊録

和田誠（白水社）2011.07.03

本書の題名「五・七・五」を「5 7 5」《ごひゃくななじゅうご》と読むんだから僕はよほど俳句に疎いといえよう。50年のつき合いの和田誠に俳句の趣味があったなんて全く知らなかった（これは本当）。と言うと「贈本した俺の本読んでない」と言われるにきまっているが、興味のないものは見えない聞こえない。

さて本書は句会仲間を中心に僕みたいな人間も交遊仲間に加えて、その人物に句をプレゼントして、人物寸評を記した交遊録である。その昔、和田家は親戚で句会をやるほどで、彼も6歳で処女句を詠《よ》んでいるというからすでに子供文化人だ。

骨董と俳句の良し悪しがわからない僕は「ヘェー」と言うしかないが、彼が俳句に惹かれるのは、彼の似顔絵を見れば納得できる。最小限の点と線だけで対象の人物の特徴をつかむ技能は俳句と似ている。似顔絵の点と線は1ミリでも狂うと別人になってしまうので、その正確さは精密機械並みだ。この感覚で彼は人物の性格や仕事の内容まで的確に文章で描く。

このような技術は彼の記憶力に由来しており、昔読んだ詩や俳句を諳《そら》んじることができるだけではなく、過去に観た膨大な映画のひとつひとつのセリフまで正確に記憶している。目や耳と脳と感性が一体化しているからだろう。つまり現実体験の再現能力は記憶から来ており、頭の中のビジョンや音の再現が、彼の絵や作曲にもつながっている。

それにしても、彼の交遊は多士済々だ。そんな人々のポートレートを片っ端から俳句で描写するだけでなく、映画の場面まで俳句で活写してみせる。世界一短い映画批評だ。

和田誠は天動説のような人で、天の星が勝手に動いているように、本人はジッとしているだけで、色んな人が集まってくる。それをつまみ食いしていればいいのだ。ここで一句と言いたいところだが……、残念。

写真は語る

アルベール・カーン　コレクション
よみがえる100年前の世界

デイヴィッド・オクエフナ、別宮貞徳監訳（NHK出版）2009.09.20

フランスの大富豪、アルベール・カーンは私財を投じて最新の写真技術を携えたカメラマンを世界各地に派遣して、20世紀初頭のさまざまな様相を撮らせた。彼は国際主義者であると同時に平和主義者で、文化的多様性を理解しあうことで戦争を防ぎ平和を祈願しようと、この驚異的なプロジェクトを遂行した。

その成果のほんの一部を収めた写真集が本書である。掲載された40カ国387点の写真はヨーロッパ、アメリカ、第1次世界大戦、中東、アフリカ、極東（日本も含む）など10項目に分類され、大半が風俗と風景からなる〝地球家族〟の記録だ。

本書を開いた瞬間、私は思わず写真に息を吹きかけて、表面に積もった厚い灰の層を散らそうとした。全部の写真が灰に煙る大気の中で撮られたように、対象がかすんで見えたからだ。その理由は、歴史的時間の浸食の中で写真が古色蒼然としていたからだった。

だけど、その結果、逆に写真が新たな生命を得たと私は言いたいのである。芸術的表現を目的にしていないにもかかわらず、歴史の風雪の中で予期せぬ芸術的価値を得たように思うのだ。ほとんどが生活空間の中でたたずむ人物写真だが、そこには誰ひとりとして笑顔がないのが異様でもある。封印された笑顔の奥に潜むある種の攻撃的な視線は、見る者を思わず後ずさりさせる。

いったい、この冷徹な人を射るような視線は何に起因しているのだろう？　カメラという文明に対する、彼らの不安と恐れからくる防衛本能なのか？　しかし、そこにはこの世ならざる死の安らぎのような空気が漂っている。写真の中の人間はすでに死者である。生者と死者は不思議と写真の上でも区別できるが、それは単に写真が古いからだけではなさそうだ。

写真の人物は死して芸術に化身し、新しい生を得て今日の時代によみがえっている。これらの写真を眺めていると、私はふとアンリ・ルソーの絵画を思い出す。彼を素人画家とはいわないまでも、その作品は素人の心と魂によって強化されている。その意味でも、これらの写真にはいい意味でのアマチュアリズムが横溢《おういつ》している。そこではプロが持ち合わせていない霊力が発揮され、カメラと対決している被写体の視線が、そのすべてを物語っている。

民族衣装を着用した者、労働者や農夫、そして難民、かと思うと大富豪もいる。観光絵はがき的風景の隣には、生々しい戦火の傷跡を露出した破壊された街。しかしそのいずれもが美しい。ここには地上の視線ではない、まるで月世界からのビームを思わせる異次元の視線がある。

少年が老年になっても失わずにいた純粋、無垢、素朴、無心が、まるで寒山拾得にカメラを持たせて撮った幼子の視線のように、見る者のスピリットをかきたてる。思想を持たない者の思想を超越した「美」がある。ここには現代写真に対する批評があるように思う。

自然史

露口啓二（赤々舎）2017.04.16

最初、書評委員会の場に提示された本書を手にとり、何げなくパラパラと頁《ページ》を繰っていた。そのうち、不思議な感覚に襲われ始めたことに気づいた。老齢である自分の肉体の変化を、この風景写真が表象しているように感じたからである。

肉体が生老病死のプロセスを歩むように、風景もまた人間の肉体同様の運命を辿る。一生を何度も繰り返しながら生死を流転していく仏教思想を垣間見て、言葉にならないある種の寂寥感のようなものを感じた。それはきっと老いていく自分の肉体への愛執と惜別が入り交じった、たとえようのない終末意識だったかも知れない。と思って見ると、これらの風景があの世の景色に変容し始めた。

この風景写真は一体、僕に何を語りかけようとしているのか、と疑問と好奇心が泡のようにブクブクと湧き出したので、とりあえず家でじっくり眺めましょう、と思って持ち帰った。

冒頭の河原とも沼ともつかない水の風景の寂しさは、何かの惨状の跡にも見えるが、著者の言葉を借りれば、かつてのアイヌ民族の生活の場がダム建設によって水没した残像であることを知った。僕には、この世に忘れ去られたあの世の風景に思え、アイヌの他界観と結びついた。

『自然史』は、北のアイヌの森と水から始まって東日本大震災の記憶を経て、著者の古里である南の徳島の湿った深い森と浅く乾いた川の写真に辿りつく。北の賽《さい》の河原から出発して、未曽有の災禍の地を経て写真家の生地へと。その旅の途で、自然と人間を分断したあの原発事故の痕跡、森と水の国土の鎮魂の記憶に触れながら、僕は「草木国土悉皆成仏」の思想に到達した。

「草木国土悉皆成仏」という言葉を知ったのは、梅原猛氏の著書『人類哲学序説』の「森の思想」だった。『自然史』の語る風景写真のビジョンは「草木国土悉皆成仏」そのもので、日本人の自然観につながる問題提起として、または文明論として見ることもできなくはない。

自然を写すとつい情緒的になるものだが、この写真家は「今」の風景を見たまま、感じたままに非情の眼で切り取る。

「草木国土悉皆成仏」とは、草も木も山も川もことごとく仏になれるという仏教思想で、自然は人間と同じく、生死の輪廻を繰り返しながら、いつかは輪廻の鎖を断ち切って不退の土《ど》に辿りつく。

最後に僕の好きな写真、寝起きの頭髪みたいに髪がもつれあって、ジャクソン・ポロックのオールオーヴァー・ペインティングのようにみえる、焦点の定まらない無数の草がからみあった風景である。

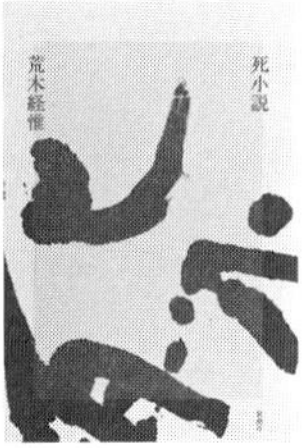

死小説

荒木経惟（新潮社）2013.12.08

荒木経惟が『死小説』と題する小説を書いたというが、文字は一字もない。だからといって小説ではないとは言えまい。著者の言いたいのは「視小説」ではないのか。写真も立派な視覚言語《ビジュアルランゲージ》である。

撮った写真を順番に並べたら物語ができて「小説が生まれた」と本の帯で吐露する。

荒木は「センチメンタルな旅」と題した自らの新婚旅行を暴露的に撮った写真集で話題になって以来、現在もまだ「センチメンタルな旅は終わっていない」と言う。

ぼくはこの『死小説』を眺めながらあることにフト気づいた。つまり著者は能のワキであるということだ。ワキは旅をすることで異界に出合うのである。彼が旅先で出会った人の数は数え切れないほど多い。彼は同じ場所に留《とど》まることもあるが、移動しながら見え隠れする人々を盗み見する。実はこの人々こそがシテ（霊）である。

シテは一種の地縛霊で、常にその場所に留まる。その霊は荒木の中ではカダフィであったり淡島千景であったり、寛仁さまであったりサッチャーであったり、時には荒木夫人であるように、全て死者である。そんな死者にワキである荒木が接する時、ワキは自らを語ろうとしない。「荒木経惟」の名さえ無為の存在にしなければ異界と接触することはできないからだ。

ワキである著者の写真の中の卑猥な裸婦たちは常に1カ所に留まり、あらわな舞を舞いながらシテとしての存在を、今なお如何に憂世に恋いこがれているかをアピールする。しかしすでにワキは自らを無化した存在である。

「編集だとか、構成だとか、デザインだとか、そんなことはいっさいなし」でなければこの『死小説』の著者、即ちワキは無の旅人として遍歴を続けることはできない。

著者のいう「センチメンタルな旅」はぼくには旅の僧が書いた（撮った）『死小説』という能の物語として映る。

芸術家の家
作品の生まれる場所
ジェラール＝ジョルジュ・ルメール、矢野陽子訳（西村書店）2012.02.26

芸術家の家は、いたるところで自らの謎と秘密を自然にバラしているのである。本書には14人の芸術家の家の写真が紹介されている。このうち、モネ、キリコ、モローの家を訪ねたことがあるが、僕が最も興味あるのはマグリット邸だ。彼の主題の多くは室内だからだ。だが写真からは絵の秘密が明かされない。もし写真家が彼の絵を深く理解していれば、その秘密を白日の下に晒してくれたことだろう。残念ながら、「作品の生まれる場所」への視線の肉薄がやや欠如していたのでは。

モネはジヴェルニーに夢の王国を構えた。念入りに造園された広大な日本式庭園には室内に飾られた膨大な浮世絵の蒐集との関連を想像させられるが、肝心の絵の主題になっている睡蓮の池や花樹園があまり写真には反映されていないのがなんとも寂しい。

ローマのスペイン広場に面したキリコの家の室内には、国に寄贈を希望して断られた傑作群が、ルキノ・ビスコンティの映画を彷彿させるような家具や調度品の中で見事に配置されている。しかし彼の新形而上絵画シリーズにしばしば登場する波形の床板や、2階のバルコニーの鉄柵が彼の有名なS字形のオブジェになっているにもかかわらず、写真家はキリコの秘密兵器を見落としている。

僕が彼のアトリエで最も強い霊感《インスピレーション》を受けたのは、イーゼルの裏に貼られた画家の美神《ミューズ》に語りかける呪術的な言葉であるが、ぜひ発見してもらいたかった。また彼の描きかけの遺作も写真に収めてもらいたかった。注文の多い日本の画家にうんざりされたかな?

パリの名所の一つになっているモロー美術館は、もともと彼の住居だった。館内には、所狭しと彼の「芸術の体系」が、観る者を神秘と魔術の古典的絵画の世界に誘導してくれる。そして、ここを訪れる者を眩暈《げんうん》の境域に陶酔させるとばくちになっているのは、写真の通りである。

猫

世界で一番美しい猫の図鑑

タムシン・ピッケラル、五十嵐友子訳（エクスナレッジ）2014.08.17

本書は猫の肖像写真集である。日本で刊行される猫の写真集は、生活環境の中で日常的に振る舞う様々な猫の姿態をスナップ的に撮ったものが多いが、ここに登場する50種以上の猫は精密な機械写真のようでもあり、まるで西洋の古典絵画を見ているような優美な魅力をたたえている。

アストリッド・ハリソンの写真は猫の魔性を魔術的リアリズムによって見事に描ききっており、愛猫家なら手放せない一冊になろうか。

猫と人間の歴史は1万年ほどさかのぼるが、その間、猫はその神秘性、優美性によって愛された一方、その魔術的性格から魔女狩りの儀式の犠牲にもなってきた。が、東方では幸福の象徴として愛されてきた。猫は本能的にネズミを捕獲する習性のため、船と共に航海したり、官庁などで飼われたりすることになる。エルミタージュ美術館では常時60～70匹の猫が飼われ、観客動員にも貢献している。

芸術家の多くは猫を愛し、アトリエで猫を飼う画家も多い。ウォーホルは25匹も飼っていた。ダ・ヴィンチも愛猫家のひとりである。時には猫は芸術家の霊性を引き出す何らかの力を持ち、その行動様式においても芸術家の資質と一つにするところがある。特に猫のわがままは芸術家が最も愛するところであろう。猫はいかなる環境の中でも遊ぶことを忘れない。そんな点も芸術家のお気に入りなのである。

また猫は人間の知覚不可能な感覚器官を持ち、肉体感覚を超えた超自然的な予知能力を発揮したり、遠方の見知らぬ土地からでも帰還したりすることがある。猫には芸術家の創造の源泉と共通する領域に接触する能力が、本能的に備わっているのかもしれない。猫と生活を共にしていると、理不尽で不可知なできごとにしばしば遭遇することがあるが、その都度、芸術家のセンセイである猫の存在の偉大さに、つくづく思いを致してしまうのである。

ネコ学入門
猫言語・幼猫体験・尿スプレー

クレア・ベサント、三木直子訳（築地書館）2014.11.23

つい最近わが家の猫が死んだが、もっと早く本書と出会っていれば後悔も反省もせずに猫に評価される人間になれたかも。猫にとって魅力的な存在になることは、人間社会においても好感の持てる価値ある存在になり得る可能性があると言うんです。

猫をペットとして一方的な愛情を押しつけ、猫を私物化することであなたは猫の最も軽蔑すべき対象となり、追えば追うほど猫から無縁の存在になっていくのだ。猫が好む人間はむしろ猫に無関心。猫は独立、独歩、自立心が強いために余計なお世話には耐えられない。大方の愛猫家は過剰なおせっかいをし、その結果は嫌がられるのが落ち。

猫は、体の大きさと比較した脳の大きさが、霊長類やイルカと同等でそれ以外の哺乳類より大きく、記憶力抜群、引っ越しなどした遠方から元の家に帰還したり、暗闇の中でもぶつからずに敏速に行動する驚異の方向感覚を持っていたり、家人の帰宅をその正確な体内時計で出迎えたり。

また、天変地異を前もって予知して安全な場所に幼猫を誘導したり、時には人間にその危険を気づかせる超自然的な能力を発揮したりという例は世界中、枚挙にいとまがないほど報告されている。このような第六感的な感覚は、人間が文明の進化と共に喪失した野性の自然感覚である。

人間は猫をしつけていると思っているが、実は猫にちゃっかりとしつけられている。人間は猫を飼育しているつもりでいるが、猫は飼い主を下僕扱いしているのである。猫は常に縄張り内で行動し、人間のように他人の縄張りを侵略したりしない。自分の縄張り内が全世界でそれ以上のテリトリーは不要。与えられた環境で人間と共存しながら、過不足なく受け入れることのできるキャパシティーには悟性すら感じないか？　人間が猫から学ぶことは「好きなことはするが嫌なことはしない」という思想である。

アーティストが愛した猫

アリソン・ナスタシ、関根光宏訳（エクスナレッジ）2015.05.03

私事ながら、昨年愛猫タマの死のあと体調に異変をきたしたほど僕にとっては猫は生活必需品であります。猫不在の生活は実に味気なく憂いを伴うのである。

本書に登場する55人のアーティストは猫を想像力の源泉とした愛猫家たちで、ウィリアム・S・バロウズは「猫たちから計り知れないほど学んだ」と、自らを映す鏡としての猫を「心の友」と言明し、猫の私物化を憚《はばか》らない。

非協力的、我儘、気まぐれ、孤独癖、内向的、遊戯性、自立性、反抗的、神秘、不可解、超俗的、曖昧、両義性、霊的、衝動的、直感的、怠惰、非妥協性、個人主義、無邪気、猜疑心、無愛想、自由、あゝきりがない。以上は猫の性質であるが、そのままアーティストに当てはまる。

僕は芸術家の理想的サンプルとして極力、猫を模倣することに努め、猫と相似形になることを目的にしてきた。そして猫を愛することは自己愛の変形であることを知った。

本書は読み物というより、アーティストと猫のとっておきツーショット写真集である。ほぼ全員が猫を宝物のように胸に抱いて自慢げな表情で写っている。そして写真に付記された短文もまちまちで、資料的にアーティストを紹介したもの、写真家について語ったものが中心で、写っている猫についての文が少ないのが変というか不思議であるが、本書の著者がアーティストなので、猫的性格を帯びてか、勝手気ままに統一感のない文を寄せている。まあこれも愛敬としましょう。

いずれにしても、猫との共同生活の心得としては上から目線で猫に接するのではなく、自らが下僕に甘んじることで、初めて猫と共生共存が許されることを知る必要がある。まず、猫の飼い主であるという考えは放棄しましょう。猫の側からすれば、猫のテリトリー内に人間が間借りしているということを忘れてはなりません。以上。

猫の散歩道

保坂和志（中央公論新社）2011.04.17

猫に対する著者の感情移入と一体化は感動的でさえある。自分の家の猫でもない野良の親子の不透明な生活に一喜一憂する保坂さん。道で目と目が合っただけの子猫の一夜の運命を案じ、帰宅しても心ここにあらず。雷鳴にもしやと思い表に飛び出す。深夜になれば新たな心配が発生、子猫を尋ねてどこへやら。内田百閒《ひやっけん》さんも顔負けの執心。

猫を愛《め》でる感性はそのまま彼の自然観に直結し、「人は風景から答えを与えられる」という。僕の十代の日々は肉体が自然の一部になるまで川や野山を駆け巡った。そこにあるのは風景だった。

昔読んだシュタイナーの書――。真冬の荒涼たる湖水を前に2人の女。1人は身を縮め極寒に戦《おのの》き、もう1人は眼前の壮麗な風景に恍惚となりながら啓示を受ける。保坂さん風にいうと、彼女は「答えを与えられ」たのだ。風景が肉体に染み込む時、至高体験が答えを齎《もたら》す。

おおむね作家の論理的で観念的な資質に対して、美術家は感覚的で肉体的である。だけど小説家・保坂さんは、むしろ美術家の感性に近いまれな作家といえまいか。本書には美術家に似た感受性と肉体性と遊戯性が横溢しているが、「子供の頃に遊んだ記憶が体に染みついているから」だろう。

一日中机にかじりついている小説家を「動きを鍛えていないから身体性が欠け」、昨今はこのような小説が受けていると指摘する。猫に限らず他の動物や自然に対する彼の鋭敏な感受性は、すべて彼の「身体性」からきている。

ところで保坂さんの小説は何も起こらないといわれているが、彼の日常に於ける身魂は波乱ずくめだ。だからこそ小説は何も起こらないのだ。保坂さんは子供の頃から「変わっている子」といわれ続けたそうだが、当たり前だ。実生活がそのまま文学なんだから。保坂さんの「曲者性」はカフカに通じる。保坂さんの小説の秘密は本書にある。

吾輩は猫画家である
ルイス・ウェイン伝

南條竹則（集英社新書ヴィジュアル版）2015.09.20

本書の主人公ルイス・ウェインは、夏目漱石が留学したころの英国で人気絶頂だった挿絵画家で、『吾輩は猫である』に貢献したかもしれないと知れば、多少の好奇心も湧いてこよう。

猫博士でもあるウェインは、猫を愛する人は「素直な優しい気性」で神経病にかからないと、愛猫家にとって嬉しいことを言ってくれる。実際、かれは我欲のない人間に映る。彼にはピーターという飼い猫の霊感が、運命の源泉になっていたようである。

本書の3分の2以上を埋める猫の挿絵を見てみよう。ほとんどの猫は四頭身で二足歩行。その表情は人間同様、如何なる感情をも表現する。多くの猫は素裸のままで、特に職業や地位を表す場面のみ衣服を着用する。たいていが裸足だが、時には靴を履く。

しかし、どこを探しても人間の姿は見当たらない。まるである日突然、人間が猫に化けたか、猫に殺されたか、要するに人間は地上から消えてしまったことだけは確かだ。そして猫の生活様式や環境は人間社会をそのまま踏襲し、特に猫の文明や文化が持ち込まれた気配もない。

さて、一世を風靡した猫画家ウェインだが、その晩年に近づくに従って家庭生活に暗い影が宿り始め、かつて「愛猫家は神経病にかからない」と言っていたにもかかわらず、ウェイン自身が心の病に侵されて、精神病院で生涯を終えることになる。

そして、「陰険な、悪意を帯びたような」猫の絵はアールブリュット風サイケデリックな芸術的？　作風に変容。「万華鏡猫」と呼ばれる一連の絵に以前のような売り絵の大衆性はもはや失われ、そこには猫の習性同様、わがままで自由な精神の世界で勝手気儘に戯れている猫に変身したウェインがいるだけだ。

原色の自作を「猫たちの楽園」とウェインが言うように、彼自身も自由の楽園の住人になったのであろうか。

映画と人生

フェリーニ　映画と人生

トゥッリオ・ケジチ、押場靖志訳（白水社）2010.09.12

この大冊から抜け出した時、長い長い夢から覚めやらぬまま いきなり白昼の大通りに放り出された時のとまどいに似た感覚に襲われながら、〈一体、私とは何者なのだ〉とつぶやくフェリーニの声を耳にしたように思えた。

彼は「映画と人生」という二つの色の混合色のように、何色でもない色の大海原をヒエロニムス・ボスの絵「阿呆船」に愚者どもを乗せて想像上の未知の王国を目指したように、「そして船は行く」（これ、映画のタイトル）しかなかったのである。

「そして船は行く」も「アマルコルド」も僕は好きだった。そう、「アマルコルド」という言葉は「ダダ」という言葉が何の根拠もないように、あたかも霊の語る自動書記同様、魔術的な言葉としてフェリーニに取り憑いたに過ぎない。

この言葉は「わたしは思い出す」という程度の意であるが、彼の映画は子供の頃の思い出の再現ともノスタルジーともとらえられているが、むしろ彼にとっては誰のものでもない普遍的な人生のビジョンを提示したに過ぎない。

さらに彼は何も伝えようともせず、「何かのメッセージを込めようとも思わない」のである。この言葉はまるで画家だ。「わたしの映画は文学的でもなく、絵画的なもの」で、「そのエッセンス、スタイル、イデオロギーを表象するのは、光なのです」と芸術至上主義の立場を取る。

現実に風穴を開けて、そこから形而上的で超感覚的なリアリティーを引き出す彼の考えは、同じイタリアの画家、デ・キリコの芸術そのものでもある。

フェリーニの映画は生の祝祭と同時に死とも和解し、彼はしばしば死後の世界の映画化を試み、降霊術に出席したり、常々超自然的な世界に憧れながらも、映画の実現には至らなかったが、彼の全ての映画は、どこかこの物質的現実と分離したもうひとつの境域との間を往来しながら「何者」かであろうとしたのではないだろうか。

「ここにフェリーニの大いなる未来が始まる」

フェリーニ

ベニート・メルリーノ、山口俊洋訳（祥伝社）2010.11.14

意外かも知れないが、フェリーニが映画を撮っていない期間の生活は何とも退屈で味気ない。旅行も映画・演劇鑑賞の興味もなく、わが永井荷風みたいに毎日同じコースを歩いて同じ店でコーヒーを飲み、顔見知りのタクシーの運転手と言葉を交わし、これといったコレクションもスポーツもせず、50代で不眠症になるまで本をまともに読むことがなかった無趣味な彼は、日曜日でも誰もいないチネチッタ撮影所を訪れ、終日そこが魂の避難場所であるかのように「この内気な夢想家」はたった一人で孤独を友とするのだった。

こんなアンニュイな生活は、どこかフェリーニの映画の根底に流れている時間のように思えるのだった。そんな反近代的な時間の中で創造される、あの悪夢のような非現実的で一見無秩序で支離滅裂な狂気と快楽の楽園世界は一体どこからくるのだろうか。

また、彼の内なる永遠のインファンテリズムがまるで霊魂のように抜け出し、無垢な子供の王国を彼の映画の中に如何なる方法で移築させてしまうのだろうか。彼の映画を自伝として見る批評家が多いのは、登場人物に彼を投影してしまうためだと思うが、それは、レンブラントの自画像がコスプレによって普遍化されていることへの無理解と共通した視点から、フェリーニの映画を見るからであろう。

フェリーニは毎回新しい作品を作りたいためにも「自伝的なものは何も望まない」と言う。彼は一作終わるたびにもう二度と作品ができないのではという空虚と絶望的な強迫観念に襲われる。創造者であれば誰もが体験する一種の終末意識であるが、フェリーニはこんな強迫観念を解消するためにも、こうした感情は全て映画の中で吐き出すことで中和してきたようだが、その結果それが本物なのか作り物なのかが混然一体化してしまう。

そんな彼の想像力とビジョンをわれわれはフェリーニのスペクタクルと解し、気がつけば自分が道化師になってしまっている。そんな僕は、また『フェリーニ』を取り上げてしまった。

魂の詩人　パゾリーニ

ニコ・ナルディーニ、川本英明訳（鳥影社）2012.07.29

パゾリーニといえば同性愛のレッテルを貼られた左翼的異端のスキャンダラスな映画監督、という印象が強いけれど、どこか呪われた星の下に産み落とされた芸術家として英雄的に崇拝されていませんか。

彼はイタリアのボローニャの田舎の原初的な農民世界の環境の中で絵を描き、詩作を試みながら将来は美術史家か文芸評論で身を立てようと模索の日々をおくる。彼の宗教的世界への郷愁と先天的な異端者としてのエロティシズムと、さらに背徳的な「得体の知れない」想像力の混合体によって、彼の文学は形成されてゆく。

その間、同性愛者としての彼は性的衝動からは逃れられないが、その一方で私設学校をつくり、教育者としての顔も持ったりする。この頃彼の政治的な弟は危険な「冒険的な人生」を選択した結果、組織の人間によって虐殺される。このことに起因するわけではないが、パゾリーニは共産党員になる。だけど悪徳のＤＮＡをもつ彼は、常にホモセクシュアルという宿命も背負っているためにスキャンダルから逃れることができない。

そんなパゾリーニが終の棲家として映画を選ぶことになる。映画を通して官能を刺激することで肉体的接触を求めようとするそんな彼と、なんとなくわが武智鉄二とは似ていませんか。

パゾリーニはすでにフェリーニの「カビリアの夜」でシナリオ参加をしている。映画という視点を手にした彼は、自己の世界観の核である「宗教的叙事詩」を神話的に描くことで「奇蹟の丘」を完成。カトリック系の団体から賞を与えられたが、「テオレマ」では猥褻罪で作品が没収。

「王女メディア」でマリア・カラスとの蜜月関係を取り沙汰されるが、すでに彼の死は5年後に迫っていた。同性愛のパートナーによって彼の人生が決着づけられた、あの有名な事件が待っていたのです。

1秒24コマの美

黒澤明・小津安二郎・溝口健二

古賀重樹（日本経済新聞出版社）2011.01.23

世界の映画史に栄光の名を刻んだ黒澤明、小津安二郎、溝口健二の3監督の作品の骨格を形成する絵画感覚に注目したジャーナリストの著者が、その卓越した美術知識を武器に、クロスオーバー的視線で画面の隅々まで舐《な》め尽くす絵画論的映画論を書いた。

ヒューヒューと唸りを上げる疾風。砂塵《さじん》の中から亡霊のように浮上して近づいてくる野犬。その口には切断された人間の手首。黒澤の「用心棒」の冒頭は〈地獄草紙〉の凶画で幕が開く。

親子が並んで渓流釣りに興じている。2本の竿が同時に弧を描くその反復運動はウォーホルの並置された同一画面を連想させる。小津の「父ありき」の一場面だ。

溝口の「近松物語」で心中を覚悟した男女を乗せた夜舟は、ベックリンの〈死の島〉に間もなく吸い込まれて行くだろう。

三人三様の絵画的場面を著者が次々と発見して、ボヤーとしていると見過ごす場面を読者の眼前に、言葉でビジョン化して印象づけてくれるのは、もうひとつの映画鑑賞術であろう。巨匠たちの絵画的表現は、われわれ美術家に対する挑戦でもある。だったら美術の側からも、何やら返球を投げてみたくなりました。

小津は「彼岸花」や「秋日和」で画面の至るところに「赤」を置き、観る者の注意力を試そうと図る。緊張感を漂わせる「赤」の配置そのものは初歩的な空間構成だが、この赤によって画面が突然、抽象化する。また赤の補色の緑もうまく対置させ、この2色がまるで碁盤の石のように画面上で戯れている。

黒澤の狂気を想わせる膨大な数の絵コンテは映画制作を実現させるための呪術以外の何ものでもない。黒澤の完全主義は溝口にもある。彼の完全主義も常軌を逸しており、駄目出しの連続で俳優をまるで絵の具の色のように扱う。

著者は多くの証人の口を借りながら「絵画が映画になる時、映画が芸術になる」ことを実証して見せてくれた。さあ、ＤＶＤをセットして発見の旅に出よう。

黒澤明の遺言

都築政昭（実業之日本社）2012.04.15

家が近いのを理由に黒澤さんの晩年の数年間、時にはアポなしで訪ね、黒澤さんの映画談議に時間を忘れて長居したものだ。その時に聞いた話の大半が本書から再び黒澤さんの肉声になって耳元でする。だから本書は僕には垂涎《すいぜん》の書と言える。

黒澤明の創造哲学は実にシンプルで、核になる思想は「どうして人間は単純に清浄に人を愛してゆけないのか」という定番黒澤ヒューマニズムの原点で一貫しており、その表現は「徹底的に楽しさだけを追求」。理屈で作る映画は下の下と評し、芸術家気取りの難解な映画をつくる芸術家であるよりは「職人」と言われることを黒澤は本懐とした。

だからか通俗映画を否定しない。人間の面白さに通俗が宿り、通俗の真実を描くことで通俗的ではなく「芸術映画にして通俗映画」を完成させた。黒澤は完全主義と言われてきたが、著者は「不評作、失敗作は全て問題作」と定義し、黒澤も自らの不完全性を認めている。

一方、黒澤は何かに命令されてやっている「天の声」を感得し、人間社会を天の視点から俯瞰して人間の業の悲劇性を描くのを自らのテーマとした。自然人としての人間の生き方を描いた「生きる」「生きものの記録」「赤ひげ」の主人公の、内なる声に従って行動する人間を如何に描くかに際しては、例えばドストエフスキーのように、目をそむけないで神の眼で対象に迫る冷静さを忘れない。

が、「赤ひげ」以前の作品は愛や正義や善というフィルターを通して描いたが、それ以後は、内田百閒のように「人間と現実を裸眼で見つめていた」。あたかもそのことを証明するかのように黒澤は晩年、自身のメガホンで完成できなかった「海は見ていた」の創作ノートに、「枠にいきましょう」という自由な境地を記していた。

本書は、黒澤研究者による黒澤箴言集である。

小説ライムライト

チャップリンの映画世界

C・チャップリン、D・ロビンソン、
大野裕之監修　上岡伸雄・南條竹則訳（集英社）2017.03.12

ひとりの女が自殺未遂を起こすところからこの物語は始まる。この不幸なバレリーナの病む魂と肉体を救った落ち目の老道化師との間で物語が醸成されていく。全ての物語には始まりと終わりがあるが、実人生は誕生から始まって連綿と流れる時間の中を運命づけられた死に向かう。小説はそんな人生を輪切りにして複数の物語を創作していく。『ライムライト』も、ある人生の流れを切断したその断面を見せる物語だ。

本書を読む前に僕は映画「ライムライト」を観た。小説はそのまま映画の台本になるが、小説の地の部分は説明的（情景や内面描写）。映画では言葉に代わって映像それ自体が想像力と感性を喚起させ芸術表現を行う。

書評はしばしば、物語を語る場合、結末は隠蔽して語らないのが暗黙のルールになっているが、無視しよう。この物語の主題である愛と死と美と芸の結晶がラストシーンに集約されている。死を間近にした老道化師に心底惚れ抜いた美しい新人のバレリーナを愛しながらも、彼女に恋心を抱く若い作曲家に彼女を譲ろうとする屈折した自己憐憫、この辺りは映画が小説を超えている。

物語の最後に、女は一世一代の舞台を見せるが、彼女の出演前に舞台から客席に落ちて瀕死の重傷を負った老道化師は、舞台の袖から踊る彼女の姿を眼に焼きつけながら静かに息を引き取る。そんなことも知らない彼女は、愛と歓喜の中で美しい女神と化して踊り続ける。

物語はここで終わるが、小説の読者や映画鑑賞者はこの後に続く物語を想像しないわけにはいかない。ひとつの物語が終わった瞬間から次の物語が始まる。物語は常に輪廻して決して終わらない。女の運命はそのまま小説の始まりに再び転生する予感をはらんでいる。余談になるが、ラスト近くのチャップリンとキートンの競演は、映画史に残る名場面である。

虫の声を聞く

散歩の昆虫記

奥本大三郎（幻戯書房）2010.04.18

市井のド真ん中で天下国家を論じるのもええけど、奥本はんに同行して足元の草葉の陰で生存に命をかけている別の生命体の生活を覗いてみまへんか。

奥本はんは人間の好き嫌いは前世の因縁で誕生と同時に決まっておると認識してはる。虫が好きなのも、そーゆう理由や。わしも同じで、少年時代の生活の場は野山と田畑と小川と池やった。そこでトンボを捕って羽を千切ったり蛙の尻から空気を入れて解剖したりしたもんや。今の親御はんなら大批判や。

奥本はんも虫を愛するために虫を殺すんや、自然を学び、理解するためにはやむを得んと。自然が理解でけへん人間が多いのは虫を採取することが残酷やという妙な社会的通念からや。

わしと同じ関西出身の奥本はんの子供時代は、よー似た生活環境やったみたい。わしら子供にとって虫は教材や。彼らを知るためにも虫を採取して、自然と人間の関係を学んだもんや。わしは10代で虫と決別したけど、奥本はんはその後50年以上たった今でも、虫と交流したはる。子供の頭と心を持たん人間にはでけへんことや。

虫一匹への関心が魚介類から鳥類、哺乳類へ、さらに植物や食べ物にまで発展し、その触手は人類の存続の危惧にまで伸びていく。「地球に優しく」というスローガンをあおって地球との共存を提唱する動向に対しては、地球から言わせればちゃんちゃらおかしいで、ということになるのと違うか。大家である地球という家に人間が住まわせてもらって、柱切ったり壁壊したりして「共生共存」や言うたら地球はほんまに怒りまっせ。

「その地球もやがては消滅する」と、奥本はんは直視したはる。その声は絶滅の一途をたどる虫や動物のタマシイの声とも共鳴してるんやないやろか。つまり人間の歴史と虫の歴史を分離して考えたらアカンのと違いますか。人間には知性がある、べっちょない（大丈夫）という認識があるけれど、虫からすればこの地球は虫の息やと思っとるんやないやろか。本書は「無理なんかしないで生き延びるのが最善の策」と結んでいる。

謎の蝶アサギマダラはなぜ海を渡るのか？

栗田昌裕（ＰＨＰ研究所）2013.11.17

世界でも類を見ない、海を渡る蝶アサギマダラの謎に満ちた行動を記録したドキュメントである。著者は数学を愛する医師で、理性と科学知によってアサギマダラの生態と自らの行動を通し、読者を冒険小説の世界に誘ってくれる。

日本列島を二千キロも移動しながら、秋になると南下（春は北上）の旅を続けるアサギマダラの翅《はね》にマーキング（標識）して放した数は十数万頭（凄い！）。福島県のデコ平から放蝶したアサギマダラは台風などの悪天候にもかかわらず、小笠原諸島父島、与那国島、さらに国境を越えて台湾まで移動する。

アサギマダラの性質と能力を知れば知るほど、その予想を超えた知力、体力、行動力に唖然としてしまう。それ以上に、福島県で著者がマーキングしたアサギマダラをとてつもない遠方で再捕獲するという奇跡的な邂逅にも驚く。

アサギマダラの寿命は羽化後4～5カ月で、与えられたその生涯時間内で二千キロを移動するのだが、彼らがどこで死んだかは特定しにくいらしい。それにしても、アサギマダラの一生はただただ飛び続ける運命なのだろうか。海を渡った先に着地するのが目的というのではなく、想像を絶する距離を飛行する、その行為自体が目的なのかもしれない。このことは、創造すること自体を目的とする芸術家に似ているといえないだろうか。

著者がアサギマダラに興味を抱くのは、彼らが「何を思っているのか」という「心の謎」の探究であるという。それにしても自らが放ったアサギマダラの捕獲のために空間的、時間的条件を如何に予測するのか、その直感と出会いの確率にも驚く。アサギマダラが人間の意識（心）に何かを伝達でもしているのだろうか。著者は、アサギマダラとの遭遇という物質界での現象はすべて「数学現象としてとらえられ、数式で表現」できるという。芸術創造の謎も数式で表現できませんかね？

日記・自伝・評伝

ジョゼフ・コーネル
箱の中のユートピア

デボラ・ソロモン、林寿美ほか訳（白水社）2011.03.20

日頃から伝記を愛読する僕が、伝記を読み耽《ふけ》るジョゼフ・コーネルの伝記を読んだ。芸術家の伝記が面白いのは、周囲の人間たちが魅了されるあまり人生が壊されていくからだと著者は嘯《うそぶ》くが、この伝記の主人公コーネルは、皮肉にも周囲の人間によってどんどん壊されていく。

生涯を通してソリの合わない母親と諍《いさか》い続け、障碍を抱えた弟と一心同体の苦痛を味わいながらも、無垢の魂から生まれる謎めいた箱の作品や、コラージュの膨大な資料の山に埋もれた地下の一室で、痩せた亡霊のような男は憧れのバレリーナ、映画女優、十代の少女を女神のように崇《あが》め、彼女たちへのオマージュを量産していくが、その評価が定まるのはずっと後である。

コーネルといえばモダニズムと無縁の象徴主義的な秘境の隠者のイメージが濃く、「大人の玩具」作家ぐらいにしか思われていなかったが、とんでもない。シュルレアリスム、表現主義、ミニマリスム、ポップアートと20世紀が駆け抜けた現代美術の足跡を辿る時、そのコアにご神体のように鎮座していたのが、実はジョゼフ・コーネルだったことを今や誰も否定しない。

にもかかわらず、彼は時代の評価には無頓着。我関せずの孤高の市井の人間は、資料あさりにマンハッタンの古書店を彷徨する夢想の毎日を日記に綴《つづ》るだけで、自分の業績や作品が理解されることさえ恐れる。

そんな彼の思惑に反して、彼の神秘的な箱の作品を求めて美術館やコレクターや有名人がクイーンズのユートピア・パークウェイの小さな木造家屋に日参するが、作品は売りたがらない。彼の成功は彼を幸福にするどころか、彼にとっては現実的な苦悩でしかなかった。それも憧れの女性たちには指一本触れることもせず童貞のまま、失意のどん底で悪夢の芸術家コーネルを慰めるのは、「天文台」と呼ぶ彼の家の台所から夜空の星を数える時間だ。自らの存在をあたかも天に属する者と定め、あの世での不死を信じ、自分がこの世から失《な》くなるのをただ待つだけの禁欲の男が僕の脳裏に浮かび上がってくる。

ふかいことをおもしろく
創作の原点

井上ひさし（ＰＨＰ研究所）2011.05.22

「ほかの子とは違う」とか「神童」「秀才」と呼ばれたが、結局「凡人」だと思うようになったと言っても、蔵書20万冊、一日の読書量30冊は凡人とはいえまい。「本は人類がたどりついた最高の装置」だとは井上ひさしさんの弁。

本書はそんな著者の駆け足自伝。持ち前の楽天的な性格から、自らの人生の暗部を笑いとユーモアで押し切ってこられたようだ。「苦しみや悲しみ、恐怖や不安」は人間が生まれながらに持っているが、「笑い」は本来、人間存在の内側にはなく、外から与えられるものだからこそ必要、と井上文学の核心を述べる。

さらに笑いは送り手と受け手の共同作業で、「笑いは人間の関係性の中で」言葉が作るものだと持論を展開。

――そうか、笑いは言葉が作るのか？　ウーン、道路で人が転んだり、葬儀場の沈黙に緊張のあまり吹き出したり、動物のおかしなしぐさに思わず笑うが、そこには言葉が介在しないけどな……？　あるいは天の一角から「ウワッハッハッハ」と黄金バットが降りてきたり（古いネ）、市川右太衛門の旗本退屈男が笑って人を斬ったり、片岡千恵蔵がニッコリ二丁拳銃をぶっ放し、水戸黄門がブラウン管の中で笑って〈終〉わる。彼らだって人間の関係性を無視して笑うんじゃないかなあ？

人間の内側の心の表象はいわば煩悩である。そんな煩悩に笑いを送って運命の悲哀を忘れさせるのが井上文学であるとすれば、人間の煩悩は阿頼耶識に蓄積されたカルマの種子だから一掃するに越したことはない。そういう意味では笑いは人間の内側に存在しないものかもしれない。

笑いが刹那の仮の避難場所だとしても、われわれの一切苦行の人生の中で笑いが悟性の代役を果たしてくれるならこれも救いといえまいか。

「ふかいことをおもしろく、おもしろいことをまじめに、まじめなことをゆかいに……」

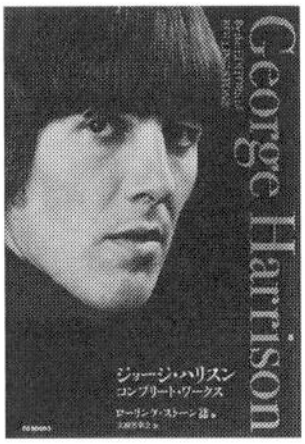

ジョージ・ハリスン
コンプリート・ワークス
ローリング・ストーン誌編、大田黒奉之訳（ＴＯブックス）2013.04.14

ジョージ・ハリスンは「静かなビートルズ」と呼ばれ、ジョン・レノンとポール・マッカートニーの影に隠れた脇役的存在だったが、本書で語る多くの証言者によると、彼はむしろジョン的資質に近く、思ったことは何でも正直に口にするタイプで、片方ではウイットとユーモアセンスで誰からも愛され、常に尊敬の対象であった。

彼は名声を好まず、平和を愛する優しい家庭人であり、ビートルズ解散以後はイングランドの広大な土地の家に住み、晩年は趣味の園芸に没頭する隠遁生活を送った。

ビートルズ時代、彼をインド哲学に導いたのはＬＳＤ体験で、その結果、現実と分離したもうひとつのリアリティーに遭遇したことで神意識を体感する。そしてインドのリシケシュに導師マハリシ・マヘギ・ヨギを他のメンバーと共に訪れ、さらにラヴィ・シャンカールとの出会いが彼をインド音楽に導き、あの傑作アルバム「サージェント・ペパーズ・ロンリー・ハーツ・クラブ・バンド」に貢献すると同時に脇役から脱却する。が、すでにビートルズの運命は崩壊の予感にあった。

とともにジョージの肉体も崩落の危機にあり、喉頭癌、離婚、暴漢の襲撃、ビジネス問題など悩みの種は山積。それでも信仰に支えられた強い信念によって現実と対峙する。また彼の精神世界への傾倒は１９６０年代の若者にスピリチュアルな世界を示唆したが、一般的にはこのような傾向はうさん臭く見られた。

しかし、ボブ・ディラン、ミック・ジャガー、キース・リチャーズ、エルトン・ジョンらの大物が、ジョージの人間性と音楽観を尊敬しながら誠実かつ謙虚に、手放しで絶賛する。ぼくが二十代でインドに憧憬したのも、ジョージの影響が大だった。やがてぼくは精神世界からドロップアウトしたが、彼はその短い生涯にインドを内在化させ、神との距離を最後まで維持した。

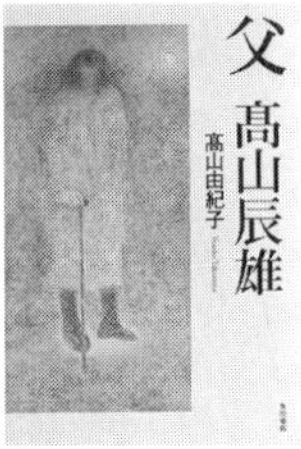

父　高山辰雄

高山由紀子（角川書店）2011.10.16

高山辰雄は宇宙や星に興味があった。それを情緒的にではなく、物質的な天体として科学的に観察するのを好んだ。さらに「死ねばすべては無になる」と、あの世の存在を否定し続けるモダニストであった。彼の初期の、現実を肯定したゴーギャンからの影響にその姿勢はよく現れている。

そんな高山の娘・由紀子も父と同様、死後生を信じない知的な作家であり、映画監督でもある。彼女は鬼籍の父・高山辰雄に本書を捧げ、「父にこの本を読んでもらいたい」と哀願するように、父の思い出と愛を不思議な空気感の漂う文体で語りかける。父娘の霊魂の交流さえ感じさせて切ないものがある。

ぼくが高山に興味を持つのは、その主題よりむしろ変幻自在な技法にある。それはまるで、画学生の繰り返す実験を見ているようで初々《ういうい》しい。主題は月（穹《きゅう》）であったり少女であったりするが、由紀子の関心はむしろ主題にある。彼女は他人に指摘されて初めて「技術」に眼を向けるが、高山の主題を際立たせているのはやはり技法である。

ところが元来モダニストの高山の作風世界は晩年になるに従い、さらに死に近づくにつれて幽冥の色を濃くしていく。天体を愛し、死後を否定し、見えるものを描くモダニストがなぜこうまで朦朧《もうろう》とした境涯に踏み入るのかが不思議である。現場にいた娘がどう解明するのかを期待したが、作品の神髄に触れないままに終わる。無理もない。なぜなら彼女自身の感性が、すでに父と共有しているので気づきにくいのかもしれない。

高山辰雄は常に「日月星辰《にちげつせいしん》と一つ、自然と一つ」という思いと、さらに「社会の中の人間の係わり」を重視していたにもかかわらず、作品はますます孤高の境地に入っていく。この現実主義の思想に反して、高山の非現実性は一体何を語りかけていたのだろう。その秘密は娘・由紀子に伝わっているはずだが――。

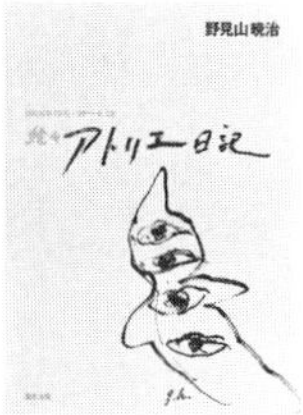

続々　アトリエ日記

野見山暁治（清流出版）2012.07.08

人はなぜ絵を描くのか。絵とは？「正直言ってぼくにはわからん」と深遠な疑問を投げ、ふと「絵を続ける気が失《う》せた」と心の揺れを吐露。さては創造の苦悩や快楽、その秘密が明かされるのかと体を乗り出したが、90歳の画家は「ひたすら健康のため」に医者通い。にもかかわらず、老齢を無視する行動力の数々にはただ唖然。突然「ハノイに着く」と、数日後はカンボジアへ。かと思うと「思い立」ってフィリピンのセブ島へ。

人の絵ばかり見に行っていると「自分の絵は描けない、この年になれば人の絵を見ることもない」と言いたいのに驚くほどマメに銀座の画廊通いが続く。その好奇心は年齢を超越。一人暮らしの老画家の外界への関心からか、仲間への義理立てか、友情か、人徳なのだろう、画家の周囲には常に人が集まり、華やぐ。

友人知人の死に接し、「周辺のおぼつかなさが気にかかる」が、暮れ方に死んだ人々の顔が現れ、ぼんやりと消えるのは至福のときだという。亡き妻と同じ病院に入院し、彼女の死に直面しながら眺めた窓外の森を再び眼にしても、感傷的になりそうもない画家の強靭な精神に触れた。

だけれども、朝のベッドの中で「妙な空しさ」に襲われるが、「年をとった人間の無為、その怖さ」の鋒《ほこさき》はサッと北斎に向け、彼は死の間際まで描き続けたのだろうと結ぶ。老画家はあくまでも死を自らの中に内在化させない。そんな気持ちが「ぼくは老人じゃない」と言わせるのだろう。

「人生行けるときに行き、やりたいことはその時にやる。その日が唯一人生だ」という実感が画家を創作にかりたて、「ぼくはここまで来た、もうとことん生きなくちゃ」と自分の誕生日にも無関心。90歳間近に10年有効のパスポートを申請し、キャンバスを大量に仕入れるこの楽観主義と自由さは、家族を持つこともなく失うもののない強みからだろうか。

心の流浪　挿絵画家・樺島勝一

大橋博之（弦書房）2014.05.04

生前、山田風太郎氏宅を訪ねた時、応接間に『樺島勝一ペン画集』が飾られていた。風太郎さん世代から僕たち戦中、戦後世代にかけて樺島勝一は「ペン画の神様」として、その存在は熱血少年の魂の源泉であり、血湧き肉躍る野性と科学的理性の両極で時代精神を形成した。

風太郎さんが小説家になった動機は挿絵だったという。挿絵が小説を凌駕《りようが》することさえあった。「船の樺島」の異名に安住せず森羅万象を、その科学知と超越的技法によって海洋ロマン、密林、戦記、歴史物、マンガまで描き分けた。

本書の著者は樺島時代を生きたわけではないが、その作風に惹かれ、樺島の知られざる生涯と時代、行動と当時の出版状況などを追跡して評伝を執筆した。当時の僕たちは樺島の個人情報にはうとく、どうでもよかった。絵が全てを語っていたからだ。

本書で初めて知った樺島家の貧困は、「前世の悪行の報い」と樺島が言うほどに悲惨な生活の中で、独学独歩の精神を鍛え上げた。空いた時間は全て読書に捧げ、その博覧強記によって大学卒以上の知識を得、無類の話し好きが原稿を取りに行った編集者を困らせた。一方、吃音のため人前を避け、友人もなく、もっぱら読書を友とした。

樺島が台頭してくるのは日刊「アサヒグラフ」に入ってからだ。戦後は「漫画少年」「冒険少年」「少年クラブ」で活躍。死ぬまで現役だった。

自らを職人と名乗り、純粋芸術と一線を画して応用芸術を主張。新しさに無関心で、「物を美しく観」、気品を第一義とし、自らの品格の向上に努力を怠らず、気品の高さが人に感動を与えると信じた。

また、絵が構成する力の底にあるデザイン力を無視しなかった。デザインが大衆の心理をつかみ、「芸術的良心と道徳的概念」こそ応用芸術の王道だとして、挿絵画家のプライドを守った。

芹沢光治良戦中戦後日記

芹沢光治良（勉誠出版）2015.05.24

真珠湾攻撃による太平洋戦争開戦の年の1月から終戦後3年までの「死路を辿る」想いで綴った日記である。

連日連夜「日本中の空がB29でおおわれたよう」な空襲下で死の恐怖に脅かされながら、何のためでもなく、考える必要も、幸福もない、ただ「いい作品を書く」以外ないということの想いは死線を越えた、まるで肉体を離脱した人間の発するような言葉である。

小説を書く手を止めず修羅のごとく創作に突き進み、常に自分の病弱と「家の中に暴風を吹きよせ」る妻とのはざまで神の恩寵にすがり、祈りながら、ひとときも心の安らぎのない状況。創作を唯一の生命の証しとして書き続ける孤高の精神に、空襲は容赦なく日本全土に拡大していく。

著者の創作意欲と西洋文学への強い関心は現実逃避のようにも思えるが、死を覚悟した芸術家には最後の砦でもあろうか。さらに、芹沢の神への深い想いは、森羅万象に宿る自然の法則と摂理によって神が創造と結びついた命の根源であることを信じているゆえであろう。

終戦の年の3月10日、10万を超える死者を出した東京大空襲。その後、芹沢は軽井沢に疎開し、空襲からは免れるが、毎日の開墾生活は病弱の身には過酷で、貧困と空腹に苦しむ日々が続く。少数の指導者が日本を戦争に導いたことに怒りをおぼえながらも、日記の執筆はやまない。発表のあてもないだけに「己をごまかしたりせずに、魂のいぶきを」作品として残したいという彼の人間主義は、崇高でさえある。

芹沢はあくまでも芸術の力を信じ、戦争が終結するならば「ほんとうに活動すべきは芸術家だ」と書く。さらに「自分を神の殿堂としなければならない」とも。その答えこそが、晩年の、長大な『人間の運命』や『神の微笑』ほかに結実する、「神」と「人間」への思索なのだ。今再び僕は「人間」シリーズを読み始めた。

柳宗悦を支えて

声楽と民藝の母・柳兼子の生涯

小池静子（現代書館）2010.01.31

本書は、民芸運動にその生涯を捧げた哲学者であり美学者の柳宗悦の妻、兼子の激動の一生を綴った評伝である。著者、小池静子氏は声楽家の兼子に師事。師弟ゆえに語られた数々の内密のエピソードを通して、人間・宗悦が、波乱に満ちた兼子の人生の背後から怪物ゴーレムのようにむくむくと浮かび上がってくる。

著者の抑制の利いた平易な語り口は余計な説明や評価を一切排し、まるで画家が肖像画の外面を克明に描写すればするほどその内面の真実が表出するように、不思議な魔力によって兼子の92年にわたる長い人生が物語られるが、全編に流れるのは彼女の鬼気迫る生き様である。

なんとも形容しがたい骨身が削られるような苦痛と歓喜が背中合わせになって、兼子の姿がまるで二《に》河《が》白道《びゃくどう》を渡る亡者と重なるのだが、向こう岸で手をさしのべる阿弥陀仏の姿は兼子の視界にはない。夫と芸術という二者択一さえ許されない自らが選んだ運命を、命がけで生き抜く常人の域を超えた彼女の本能の技に、芸術家のすさまじい業を見る思いである。

夫・宗悦の民芸への驚くべき執念に対して、兼子は心血を注いで自らの芸術と宗悦への献身に身を焦がす。にもかかわらず、宗悦の理由なき（?）癇癪玉は常に兼子に向けられ発砲される。婚前時期の何百通に及ぶ宗悦の恋文の真実はことごとく裏切られ、兼子自ら、夫の理不尽なエゴの犠牲者なのだと妄想する。嫉妬と怒りが猛り狂うなか、彼女は死を思う。だけど彼女を死から救ったのは彼女の西洋音楽に対する芸術魂であった。

夫・宗悦の桁外れのエゴを許す兼子の苦悩と、夫の民芸運動への共感が、彼女の中で未消化のまま肥大化していく。夫婦としての実体はすでにない。兼子のリアリティーがことごとく幻想をぶち壊す。互いに相手に求める感情は同じでも、二人の強烈な個性がそれを許さない。そこにはどうしても素直になれない照れが存在していて、結局は兼子の求める「西洋」と宗悦の求める「日本」の対決が二人の間を引き裂くと同時に、皮肉にも互いの芸術を高めていく。

創造

46年目の光
視力を取り戻した男の奇跡の人生

ロバート・カーソン、池村千秋訳（ＮＴＴ出版）2009.11.01

３歳で失明した男が、46歳を過ぎて視力を回復したらどうなるか？　視力を得て初めて見る世界は驚異の連続だ。この男マイク・メイは盲目時代に何ひとつ不自由なく、幸せな人生を生きていたので、特に視力を得ることに強い関心はなかった。

ある時、医師から視力を回復する手術の提案を受ける。成功は五分五分だ。かつて幹細胞移植手術を受けた患者で、目が見えなかった頃の幸せに対して見えたものは、天国ではなく不安の地獄だったという例も多い。

たとえ手術が成功しても、拒絶反応が起こって再び見えなくなる可能性もある。拒絶反応を抑える薬は副作用が大きく、がんを発症しかねない。そんな大きなリスクを背負いながらも、メイは持ち前の冒険心から手術を決断する。結果は成功。

ここからが面白い。メイの体験は、われわれの想像をはるかに超える現実が待っていた。視力を得た瞬間は光と色の洪水が四方八方から押し寄せた。だが世界は意味不明の色のモザイクにしか見えず、それが何かは全く認識できない。そのうち触って形が認識できると初めて「見えた」ことになる。目の力だけでは現実は把握できない。盲目時代の触覚の力が必要なのだ。メイには見る物が多過ぎて、その感動に疲れてしまう。

だが目が見えた翌日の夜、電灯の下で妻を裸にし、得たばかりの視覚で肉体の隅々まで観賞するシーンには、まるで新世界を発見したような驚きとエロティックな味わいを覚える。また男と女の区別をわれわれは子供の頃から習慣で知っているが、彼にはそれができない。妻と街に出て男女の識別実験をするくだりは、思わず噴き出す。

彼のこれらの行為は、芸術における無から有を創造する時の崇高でサンクチュアルな領域に踏み入った瞬間を見る思いがして、実に感動的だ。われわれはもはやメイのような無垢な視線を失っており、見えてしまっていることの不幸をつくづく嘆くしかないのだろうか。

芸術における見えるものと見えないものについて、あらためて考えさせられた。

右手と頭脳

エルンスト・ルートヴィヒ・キルヒナー『兵士としての自画像』

ペーター・シュプリンガー、前川久美子訳（三元社）2010.09.26

この書物の主題は、ドイツ表現主義の中心的存在であるキルヒナーの「兵士としての自画像」だが、この作品にギョッとするのは、兵士に扮したキルヒナーの手首から先が切断され緑色に変色した右手を軍服の袖から、まるで男根を突っ立てるように見せているからだ。これ見よがしな彼のマゾヒスティックな態度に鑑賞者は、なんともおぞましいヤーな苦痛を抱かされてしまうのである。それがたとえ何らかの芸術的手段だとしても——だ。それにしても、なぜ彼がこんな絵を描いたのか本人は口にチャックをしたままである。

キルヒナーは軍隊の威信に憧れ、自ら志願して軍隊に入ったものの、軍隊生活には全く適応しない人間で、彼自身兵士としての不適性を認め、自ら「生き地獄にすることに加担している」と訳の分からぬことを語っている。その屈辱的な彼の嘆きがあのような作品を描くに至ったのではないかと、これも想像の域を出ないのだが、何しろご本人はノーコメントを通すだけで真意は絵の中にある。

画家が自らの手を喪失することは、命を絶つも同然である。キルヒナーは耳を切断したゴッホに「感情移入」したと同時に「ゴッホはキルヒナーの『受難者仲間』」であるとは著者の見解であるが、ゴッホの自殺と無関係だがキルヒナーも彼と同じ運命をたどる。

余談ではあるが、同じ手の切断でも手首の喪失した身体的欠落感と切り離された手首とはかなり意味が異なる。多くの芸術家が切断された手首の複製石膏を採ったり（僕も）、描いたりしているが、これらに対しては心理的苦痛は伴わない。なぜならオブジェと化しているからだ。

さて、兵士の切断された手首のモチーフは必然的に戦争のプロパガンダとしての意味を持つ。実際にキルヒナーはプロパガンダを主張した作品も他に描いているが、彼の軍隊経験と戦争に対する考え方の矛盾は不可解である。画家としての精神の危機的状況がこの絵を描かしたとしても、戦争というあまりにも歴史的な現実との相克は何も解明されないままである。

仕事をつくる
私の履歴書

安藤忠雄（日本経済新聞出版社）2012.05.06

数人の画家に訊《き》いてみるがいい。「あなたは誰のために絵を描くのか?」。「世のため、人のため」と答える者はほぼいないだろう。霊感を与えてくれるその源泉に対して奉納の気持ちで描く、なんて受けを狙う変わり者は別として、大方は「自分のため」と答えるに違いない。しかし、ここに世界を舞台に活躍する一人の著名な建築家に同じ質問をしたら「自分のために建てる」とは言わないだろう。本書の著者はその質問に、胸襟を開いて熱く易しく答えてくれる。

ボクサーの経験のある著者の行動と思想は借り物の観念ではなく、その肉体と自前の感性で、肉体派仕事師といわんばかりに仕事のある所、東奔西走、持ち前の野生魂でどこまでも本能に忠実であろうと行動する。

「建築家になるんや」と決めれば即、一念発起、社会的ハードルは彼にはない。大学の建築教科書を手に入れ、4年間で学ぶところを1年で習得。独学安藤の面目躍如。僕も独学だが彼の〈鬼迫〉には負ける。

エゴから入ってエゴを消滅、個の普遍に至るなんて、彼の前では馬の耳に念仏。個我と執着が彼を安藤忠雄たらしめているのだ。画家の内面追求に対して建築家安藤は肉体の皮膚を破って外界へと視座を移し、この混迷する日本の再建と対峙し、時間、空間、創造、行動を捧げる。ケチケチしないそのエネルギーの源泉は何？　日本の未来を託する子供への愛と希望？

彼は才能ある人間を心底愛し、そしてその才能に対して謙虚であろうとする。友人、知人の能力を自らに移植し、換骨奪胎した他力を自力の知恵にしてしまう。3・11以後の日本を憂えると同時に未来と人を信じ、子供の教育に自然観の楔《くさび》を打ち込む。建築家を超えた存在の安藤を隠喩するならその精神は、画家が小乗なら彼は大乗仏教的というところかな。

乱歩彷徨
なぜ読み継がれるのか

紀田順一郎（春風社）2012.01.15

一人の芸術家の華々しい誕生と、その後の芸術寿命を襲う老化現象と葛藤しながらの創造と人生のはざまで、苦闘と苦悶を続けながら芸術家として成功し、存続、発展を遂げるか、それとも失敗に終わり、滅亡するかの命運を賭ける芸術家江戸川乱歩を、著者は徹底的に、見事に活写してみせてくれるが、芸術を生業《なりわい》にしている者の一人として本書を読む時、自身の運命を重ねながら思わず背筋を走るひんやりとした戦慄を覚える。

冬の真夜中、月光に照らされた銀座通りをガックリ、ガックリと夢遊病者のように歩く機械仕掛けの怪人は、ギリギリと歯車の音を立てながら近づいてくる――。そんな冒頭シーンで始まる『青銅の魔人』の怪奇的幻想世界に心を奪われた中学時代から、ああ、いまだに一歩も抜け出せずにいる僕が、自分の創作活動とは無縁ではないように思えるのはたぶん、僕の中の停滞した時間の表象であるような気がするのだ。

乱歩の「純粋な探偵小説」（佐藤春夫）は、松本清張のようなあり方とは対照的に、社会的現実に対して無関心を貫くことで個としての現実世界を構築し、非思想的且《か》つ「趣味」的世界を展開するが、これこそ乱歩作品の根底を形成するものであると本書では述べられる。

それにしても、デビュー作の『二銭銅貨』から『押絵《おしえ》と旅する男』までの7年間の作品は乱歩の代表作であり傑作揃いである。だけど、それ以後は名声は高まるものの、不作に乱歩はあえぐ。加齢と共に円熟時代を迎える芸術家に対し、乱歩の芸術寿命は次第に枯渇していくが、このことは創造者なら誰もが抱える切実な問題である。

著者は明智探偵に勝るとも劣らず、乱歩の創造と人生の闇の森に容赦なく分け入りながら、人間乱歩の謎を鮮やかに解き明かしてくれる。この書自体が一編の探偵小説に思えるのだった。

演出についての覚え書き

舞台に生命を吹き込むために

フランク・ハウザー、ラッセル・ライシ、

シカ・マッケンジー訳（フィルムアート社）2011.07.31

本書は巷《ちまた》に溢《あふ》れている「ことば」本、例えばニーチェ、ゲーテ、ブッダ、菜根譚などの賢者の箴言集や教典本とはひと味違う、演出家が後輩や同業の演出家に遺した演出術の助言集である。

著者フランク・ハウザーは、イギリス演劇界の大物俳優アレック・ギネス、リチャード・バートンらを育てた敏腕演出家で、本書を開くといきなり「――するな」「――せよ」「――しろ」などのガチンコ的な命令語の連発で、俳優でなくても思わず身体が後ろに引いてしまう。かと思うと、「かんしゃくを起こすな」とか「いじめをするな」と意外な倫理的側面も見せる。演劇人以外の読者にはややリアリティーに欠けるが、僕は自分の仕事に不可欠な言葉を選んで並べてみた。

「観客には常に続きを推測させよ／全員に気に入られようとするな／すべてに答えを出そうと思うな／肩の力を抜け／得意な方法ではじめなさい／ユーモアの最大の理解者は観客だ／スタイルには理由がある／好ハプニングは見逃さずに生かせ」

以上はそのまま僕の創造哲学に通じ、演出術に限らずあらゆる創造の現場で活用できそうだ。自分が演出家という主役になることで周囲の人間は俳優と化し、思い通りのドラマが描ける。

彼の言葉には芸術家の直感と理性による言霊《ことだま》としての力が漲《みなぎ》っており、彼には俳優を思い通りに従わす力がある。この彼の演出法を僕は自分のキャンバス上で展開することが可能だと思った。キャンバスは舞台であり、ひとつひとつの色は俳優である。

そして、この絵を描く画家は演出家である。画家とキャンバスを自他に分けることで、創造がより演劇的に進展するかもしれない。著者ハウザーも「すべての点をつないではいけない」と言う。物はバラバラに存在して自他の区別のない方が、観客もより想像的になるのではないだろうか。

異世界への想像力

異世界の書
幻想領国地誌集成
ウンベルト・エーコ編著、三谷武司訳（東洋書林）2015.11.22

人は宇宙に存在しないものを創造することは不可能である、と言った人がいた。創造の源泉は無からではなく有からであると。我々が認識する現実世界は全て物質からなり、非物質的世界は存在しないことになっている（?）。

例えばガリヴァーが旅した場所は想像世界の虚構で、現実には存在しないという約束のもとにある。本書は、小説や映画などの架空の場所や虚構の場所は対象外で扱わない。

では、アトランティス、ムー、レムリアは？　過去の地球に存在していたかもしれないこれら古代文明と並び、著者エーコが本書で最も多くページを割くのは、われわれの立つ地面である「地球の内部」と「極地神話」と「アガルタ」である。一般に知られる地球空洞説と極地の内部に通じる穴、そして内部の王国アガルタの存在を、エーコは各国の伝説や宗教から多くの実例を挙げ喜々として語る。

ジュール・ヴェルヌの『地底旅行』を始め、実に多くの小説家や冒険家が地球内部についての作品や記録を残している。空洞説を下敷きにした創作なのか実話なのか、ノルウェーの漁師のヤンセン親子による見聞記は、本書には詳しくは出てこないが面白い。集められた資料には驚異の世界が展開され、これがもし事実であれば、地球の秘密と人類の歴史に大波乱を巻き起こしかねないが、残念ながら地球の内部は灼熱のマグマがつまっていると知らされてきた。にもかかわらず、空洞説は終焉を迎えそうにない。というのもエーコの言うように、これらの場所は〈想像された架空の場所や虚構の場所ではない〉という考えを受け入れている人々がいるからである。エーコ自身は、異世界をガイドしつつ存在には、衒学《げんがく》的に態度を保留したままである。

本書を科学知で読むか、想像の実現を試みる芸術知で読むか。それにしても人間を取り巻く世界の謎と神秘には終わりがない。

醜の歴史

ウンベルト・エーコ編著、川野美也子訳（東洋書林）2009.11.22

どのページでもいい、めくってごらん。きっとあなたは「オエーッ」と言いたくなる図像が目に刺さってきて、次の瞬間「やべぇ」と思い、音を立てて本を閉じるだろう。

この本は、博覧強記で知られるウンベルト・エーコが「醜」をテーマにキュレーションした悪趣味な〝空想美術館〟である。大半は絵画が並び、おなじみの作品が占めているが、僕はまず、彼の解説や論評には一切触れずに、とりあえず自分の目の自由度に委ねて鑑賞することにした。いつも美術館でする仕方で。

『醜の歴史』は必ずしも編年体ではなく、作品は「黙示録、地獄、悪魔」「醜悪なもの、滑稽なもの、猥褻なもの」という具合に15の部屋にカテゴライズされて展示されている。僕は、彼の空想美術館の各部屋をたっぷり時間をかけて回った。

そこである疑問に突き当たった。「いったい何が醜なの？　どこにも醜などないじゃないか」と。一般的に、醜は美に対立するとされる。しかし、両者は対立などしていないのではないか。醜と美は見事に手に手を取って、美の地平を目指して歩んでいくではないか。

人間の悪魔的側面は確かに醜い。グリューネヴァルトの傷だらけの磔刑図はおぞましい。フリーダ・カーロの「折れた背骨」の残酷さは目を覆うほど。ピカビアの「接吻」の男女は化け物だ。デュシャンの「モナリザ」の口髭も美を馬鹿にしているが、決して醜くはない。むしろ美の範疇にある。醜いと思われるのは、その表現が下等な場合に限る。

だから一部を除いて、ここに見る作品はどれも美しいのだ。言い換えれば、美の創造者、または優れた鑑賞者にとっては、すでに歴史に位置づけられた美術作品に「醜」は存在しないということになる。美術作品である以上、「醜」はすでに美の中に宿っているからだ。

美を超えた美を表現したいと念じる画家にとっては、ゲーテのメフィストフェレスのごとく、悪魔の想像力が不可欠なのだ。つまり、心の闇である「醜」こそ、美を生む力になり得るのではないだろうか……。

エーコは醜いモチーフを選んだが、決して醜い作品を選んだわけではない。その点で彼は、「醜の美」を十分に理解している。だからモチーフにおいては「醜」は「美」と対立するが、その美術作品の表現においては反発どころか、むしろ融和を図ろうとさえする。

だけど、『醜の歴史』のキュレーターたるエーコが読者のナビゲーターの役割を果たすとき、彼は醜の観念を構築する。そこが面白いではないか。創造者は「眼の人」であろうとするが、キュレーターは「観念の人」であろうとする。

僕はこの書物に対して、実作者の立場から、「見る」ことを最優先した。そして、この空想美術館を立ち去った後、ロビーで『醜の歴史』のウンベルト・エーコの解説を実に愉しく読んだのだった。彼は醜の魅力を見事に引き出している。

西洋中世奇譚集成　聖パトリックの煉獄
修道士マルクス／修道士ヘンリクス、
千葉敏之訳（講談社学術文庫）2010.07.11

一時、臨死体験者の記録を集めた本やテレビが流行《はや》った時期があったが、その大半は死の壁を前にして引き返してきた話ばかりで、壁の向こう側の境域に足を踏み入れた者の証言は、エマニエル・スウェデンボルグに代表されるごく少数の者しかいないが、本書に登場する2人の騎士は、生きながらに死者と同様の体験をして、無事霊体が肉体に帰還した後、世にも不思議な幻視譚を語り始めた。

この数奇な体験を幻想ととらえるのも真実と認めるのも読者に委ねるとして、ここで訳者の言葉に耳を傾けよう。

「異界（Otherworld）への想像力――近代人は、この能力を理性《レゾン》の美名のもとに抑圧し、オカルティズムやエゾテリスムの範疇に封じ込め」てしまったことで「人間精神の本質」の解明を回避していることを指摘しつつも、異界に惹かれる現代人の感性に訳者は希望をうしなってはいない。

本書は12世紀に書かれた「トゥヌクダルスの幻視」と「聖パトリキウスの煉獄譚《れんごくたん》」の2編からなるが、前者の主人公トゥヌクダルスは食事中突然倒れ、三日三晩意識不明になり、その間幽体離脱をして幻視した出来事を物語った。その全記録である。

肉体を離脱した魂はダンテの「神曲」のヴィルジリオ同様、天使の守護を得て、死後世界の地獄、煉獄を案内され、現世の罪に従った拷問を受ける魂たちの恐ろしくも悲惨な苦しみを目撃させられると同時に、彼自らも体験させられる。この凄惨な光景は、ボッスの「最後の審判」の絵画の再現だ！　後に男の魂は天国に導かれるが、私の眼には天国の美に比べれば地獄の光景の方がずっと想像的で芸術的に思えるのだった。

死後生を否定する者にとっては地獄も天国も非存在であるために、悲惨な光景も文学的な興味でしか認識できないかもしれないが、実際、西洋中世では、日常的に死者との交信を通して日々の生活の中に、生死の境を超えて魂の次元で、向こうと往来しながら永遠の時間の中で自らの人生を位置づけていたのだった。

詩的で超常的な調べ
霊界の楽聖たちが私に授けてくれたもの

ローズマリー・ブラウン、平川富士男訳（国書刊行会）2015.02.08

すでに亡くなった著名楽聖が、次々と著者に口述筆記をさせながら霊界から新作を送ってくる。その一団のリーダー格のフランツ・リストが計画した霊界プロジェクトであり、それを受信して克明に記録したローズマリー・ブラウンの自伝的エッセーがコレ。

リストとの出会いは彼女の7歳の時で、すでに以前から死者の霊を見るのは日常だった。幼い彼女はリストの名も知らないが、彼は生きていた時は作曲家でピアニストだといい、「君が大きくなったらまた会いに来る。そのときは君に曲をあげよう」という言葉を残して40年後、再び現れ、プロジェクトが始まる。彼女は口述筆記の準備は整っていたが、専門的な音楽教育は皆無、ピアノは弾くものの技術は不十分、もっぱら曲の口述筆記が中心。それゆえ、苦痛を伴う激務であった。

その結果、数百の楽曲を残した。霊界の彼らの目的は彼女を作曲家として世に送ることではなく、死んだ作曲家たちの新作の存在を実証させ、世に認識させながら、「この世の人々の考えを変えたい」という天界芸術作戦（?）にあった。

さらにリストは彼女を媒介に死後の実相を広く世の中に伝えると同時に、現世の人間の生き方にも示唆を与え続けた。当然ながら彼女の行為に対し懐疑的な人々も多いため、彼女は自分に起こった出来事を克明に忠実に正直に語り続ける、そんな姿勢が本書の大半を占めているといっていい。しかし、イギリス社会には心霊問題に対する理解がかなり浸透しており、BBCが彼女の特番を組んだり、バーンスタインが好意的に彼女に接したりし、複数の出版社が楽譜を出版、自筆譜は大英図書館に寄贈されている。

本書を読むと同時に、CD発売されている「ローズマリーの霊感」収録のベートーベン、シューベルト、リストらの曲を聴いた。偏見のない音楽家の感想を聞いてみたい。

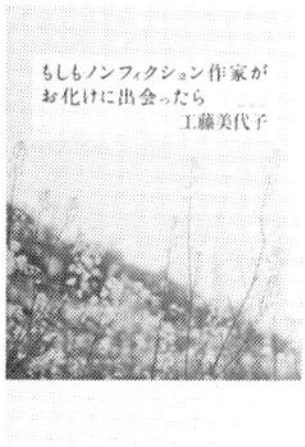

もしもノンフィクション作家がお化けに出会ったら

工藤美代子（角川文庫）2011.06.05

冒頭、「この世のルールを勝手に無視した妄想の世界」を語る「うさん臭い」人種に拒否反応する著者なのだが、本書を読み進めるうちに、ただの日常の一断片が彼女の妄想によって次第に立体化し始めると、そこに不思議な空気が漂い、独特のリアリティーが立ち上がってくる。

ノンフィクション作家の著者は、いたるところで自分は「鈍感」で霊感がないと執拗に謙遜するが、一方では「自分は怪奇現象に遭遇しやすい体質ではないか」とも考えたりする。彼女は死者の放つ残存生体エネルギーの霊波をキャッチする能力を「火の玉を見た」子ども時代から持ち、ホテルの一室や街角ですでに死んだ人を見かけたりする。その時は〈オヤ、どうしてあの人が?〉と訝《いぶか》しむ程度なのだが、やがて彼らが霊であったことがわかるのだ。

鏡台に人影が映ったり、死者が声をかけてきたり。ある時、夜中に笛の音を聞くのだが、母親には聞こえない。その時、トイレに行った夫が口笛を吹いたので〈なーんだ、夫だったのか〉と一件落着、かと思いきや夫は口笛など吹かなかったのである。また生前、母に死後の様子を夢で知らせてほしいと約束するが、死んだ母から夢ではなく電話を通してノックがあり、親子の愛は死後も健在であった。——といった奇妙なことが著者には頻繁に起こる。

この本の興味は、冒頭の拒否反応に反して彼女が次第に「ルールを無視した妄想の世界」にとまどいながらも嵌《はま》っていくところだろう。「そうした話はうさん臭い」らしいが、すると柳田国男の『遠野物語』だってそういうことになりかねない。うさん臭いかどうかは、この手の話の伝達表現の問題にあるのではないだろうか。本書は怪談文芸誌「幽」に連載したエッセーをまとめた。「霊と共存できる」偏見のない著者は、歴《れっき》とした現代の怪異譚の語《かた》り部《べ》の一人ではないかと思わせる。

「幽霊屋敷」の文化史

加藤耕一（講談社現代新書）2009.06.21

昔々、プラトンやダンテ、そしてスウェデンボルグやルドルフ・シュタイナーが言いました。死者が死後、天国と地獄の間の煉獄《れんごく》で贖罪《しょくざい》を果たし得ない場合、その霊魂は時として幽霊となって地上に出現することがあるって。

幽霊となってこの世に姿を現すのはよほどの未練と執着、そして怨念を抱いた霊ということになる。したがってそれに遭遇した者は身の毛もよだつだろうし、血も凍る。そんな恐怖を人工的に演出するのが「ホーンテッド・マンション」だ。

「ホーンテッド・マンション」とは東京ディズニーランドにある幽霊屋敷。この幽霊屋敷の源流は18世紀のゴシック様式の建築に遡行《そこう》する。そのころ流行したピクチャレスクの廃虚美は、いかにも「幽霊があらわれそうな雰囲気」から生まれたゴシック文学に端《たん》を発し、幽霊興行「ファンタスマゴリー」が出現したという。

そんな歴史的、文化的背後にひそむ芸術や文学の〝墓地〟を暴いて、その中からゾンビを降霊術のテーブルの俎上《そじょう》に載せ、「ホーンテッド・マンション」の秘密を死者の口からあなただけにそーっと伝授いたしましょうという霊言の書が、この『「幽霊屋敷」の文化史』なのであります。

僕は何度も「ホーンテッド・マンション」を訪ねているが、イリュージョンのメカニズムやその史観には本書を手にするまで無知だったので、ただただ21世紀の驚異のテクノロジーの前で崇敬するしかなかった。

ところがタネを明かせば、それは２００年前の幽霊屋敷の演出や技術の単なる模倣・剽《ひょう》窃《せつ》・反復であり、人類も歴史も大して進歩していません。ナーンダ——。そのことに僕は吃驚《びっくり》仰天したのであります。

そんな「ホーンテッド・マンション」の騙しの推進力の張本人がシェークスピア、ゲーテ、ラドクリフ、フランケンシュタイン、吸血鬼、ポーの「アッシャー家の崩壊」、マダム・タッソーなど。中でもファンタスマゴリーの果たした功績がそれはそれは大きかった、とさ。

この世の涯てまで、よろしく

フレドゥン・キアンプール、酒寄進一訳（東京創元社）2011.06.19

50年前に死んだことを自覚した若者が、２日前に突然蘇《よみがえ》ってカフェでコーヒーをすすっている、こんな非現実的な現実からこの物語は始まる。

本来なら彼は特定の人間にしか認識されない幽霊なのに、彼の姿は万人の目に映り、そのうえ肉体を伴っているために生者と区別のつかない死者である。だけど彼を困惑させているのは、死んだはずの自分がなぜ50年後の別の時代に生きているのかということだ。

この疑問は読者も同じだ。一に、彼はどこでどんな死に方をしたのだろう。二に、彼はこの小説を終わらせるために、もう一度死ぬことになるはずだが、その時はどんな風に死ぬのだろうかという興味に読者の関心は絞られていく。

最初は、この物語は現世そっくりの死後の世界に舞台を移しているのかと臆測したが、それはハズレだった。主人公の若者はかつてピアニストだったので、そのDNAの記憶がこの現世で音楽大学を彼の生活の場として運ばせたのかもしれない。そこへ、彼と同時に死んだらしい友人が親和力によって合流する。彼らが本物の幽霊のように透明になるのは、眠ると同時に覚醒するという幽体離脱の時だけというのもおかしな話だが、ただし、別の蘇った死者の姿は認識できるらしい。とにかく起きている時も眠っている間も、24時間覚醒しているのである。

やはり読者の一番の興味は前の生と今生の二つの死であるが、著者はかつての若者の死に至るまでの人生と今生をパラレルに構成しながら、まるで映画のように、時には絵画的に、そして音楽的にスペクタクルに展開させる。特に、彼の前の生はナチが台頭するヨーロッパの悲劇的な時代が舞台で、そこに過去と現代の二つの時空を重層的に交差させながら生死をノスタルジックに蘇らせてくれる時、そこに芸術が動く。

「神の存在が信じられなくなれば、人間に残されたものは芸術しかない」

世界の果てのありえない場所
本当に行ける幻想エリアマップ
トラビス・エルボラフ、アラン・ホースフィールド、小野智子訳
（日経ナショナルジオグラフィック社）2017.06.11

今日では地球を周回する人工衛星の微視的な視線による盗撮から逃げることもできないほど、何処《どこ》も彼処《かしこ》も暴かれて、地球は驚くほど縮小されています。ジュール・ヴェルヌの「驚異の旅」もウンベルト・エーコの『異世界の書』も、もはや地上の未知も神秘も謎も何ひとつ物珍しい場所もないほど、すっかりツーリストに荒らされてしまいました。

ところが、地図にもないような「世界の果てのありえない場所」の地図がここにあるのです。ナショナルジオグラフィック協会が地球最後の場所の地図を作製していたのです。とはいうものの、あくまでも物質としての地球の場所で、超意識でコンタクトしなければ接触できないような高次元のアストラル界ではないことをお断りしておきます。物質的肉体とある程度の資金と体力と好奇心があれば誰でも行ける「ありえない場所」であります。

地球を何周もしたツーリストが〈ここだけ〉は見落としたか、その存在を知りながら足がすくんで寄りつけず、素通りしてしまった場所だったかも知れません。

では、その場所を簡単に説明しましょう（といっても写真資料が乏しい）。不親切といえば不親切な旅行案内書ですよね。もしかしたら、全体像を見せてしまうとかえって寄りつく人が少なくなるのを危惧して、あえて情報を内緒にしているのかも知れません。それだけに好奇心はあおられます。

例えばこんな場所です。廃虚化してしまったり、誰にも見向きもされない風変わりな無用の建造物であったり、文明から隔絶された無人島であったり、この世とあの世の境域へ連れだそうとする死者から呼び掛けられる場所だったり、世界一、幽霊が沢山《たくさん》でる城とか。

未来の文明はそこまで来ています。その先は絶望。現実を忘れるためには俯瞰《ふかん》の視線しかないでしょう。現実より幻想の世界にリアリティーを求める都市伝説愛好家向けの旅行案内書がこれ。

昭和の怪談実話　ヴィンテージ・コレクション

東雅夫編（メディアファクトリー）2012.03.18

尾上大三郎という人気絶頂の旅役者がいた。彼が「先代萩」の仁木弾正を演じる段になり、花道のスッポンからドロドロとせり上がってきたが、あれよあれよという間にぐんぐん宙に舞い上がって、ついに天井まで上りつめたところでスーッと消えてしまった。宙づりの仕掛けもないのにあり得ないことが起こって大騒ぎになった。ところが翌日、彼は床下で口に巻物を咥《くわ》えたまま死んでいた。

私が鑑定いたしますには、花道から舞い上がったのはすでに死んでいた彼の霊体で、客席の全員が見たのは大三郎の幽霊だったのだ。

こんな話もある。長崎の魔窟で一晩愛欲にひたった十代の娼婦とロシアの水兵が阿片を吸い続けた。数日後に宿の主人が密閉された部屋に入った。阿片の煙だけを残して2人は煙のごとく消えてなくなっていた。物体消滅現象は怪談というより超常現象だ。

このような妖しい怪奇幻想譚を昭和の戦前戦後の怪談実話から、怪談通の第一人者が採集した30余編を収めたのが本書である。幽霊、化け物、死に神、火の玉、化け猫、狐、骸骨とまさに怪談アンソロジー秘宝館は、土着のノスタルジーを現代に蘇らせる。

怖がりほど怪談に魅せられる。だから幽霊や化け物は人間の心の闇の産物だと科学の外側に片づけられてしまう。一方、信じる者にとっては非現実も現実の一部として「現実」の領域を拡大し、この物質的現実を否定したがる。怪談はそんな踏み絵として前近代と近代を分かつが、この両者は対立するものではなく、われわれの意識の深奥に共存するものとして感受して遊べばいい。

自分の中に「怪」が棲んでいた子供の頃、夜の闇を妄想するだけで住みなれたわが家が「浅茅ケ宿《あさじ》」のような化け物屋敷に変貌し、軍歌を歌いながら便所に駆け込んだものだった。「怪」不在の現代人はどこか可哀そう。

夢想・空想

図説　滝と人間の歴史

ブライアン・J・ハドソン、鎌田浩毅監修・田口未和訳（原書房）2014.02.23

滝の研究書が国内で出版されるのは大変珍しい。かつて滝の絵はがき1万3千枚を収録した私のコレクション集を出したことがあるが、それはビジュアル本である。ある時期、頻繁に滝の夢を見たことがあり、夢に導かれるように諸国滝巡りが始まった。その結果、滝のシリーズ作品が生まれた。

滝は観光スポットであると同時にわが国では信仰の対象でもあり、修行の場としても古くから聖地として崇敬されてきた。時には他界への入り口として自殺の名所にも。

ところが海外では事情が異なる。ピクチュアレス的（絵になる風景）な瀑布《ばくふ》は、アドベンチャー体験を目的として滝壺近くまで遊覧ボートやヘリを大接近させ、観客の肝を冷やすかと思うと、樽の中に入って滝を落下したり綱渡りに挑戦したり。また目を奪うような華麗な光のショーを演出して観光客を魅了する。

本書は滝と人間の歴史をたどりながら、原始と文明の狭間で滝イメージがどう変化したか、多くの写真や図像で示しながら論考を展開する。滝は文学、絵画、映画などの題材にもなり、シャーロック・ホームズのライヘンバッハの滝は有名、三島由紀夫の『沈める滝』、ターナーやドレの絵、モンローの「ナイアガラ」やターザン映画など、滝とロマンを描いた作品は枚挙にいとまがない。

滝が大気に放つ潤いは精神に安らぎを与えるが、滝はまた死や性を想起させる。落下する滝、受け入れる滝壺は両性具有の象徴でもある。

滝はその崇高さと神秘的な美観により人々を魅惑し続ける一方、現在は水力発電のためのダム建設や工業化に伴って滝の生命の「略奪が急速に増加」し、枯渇の運命をたどっている。

人間と自然の繋がりの中で滝の持つ意義は大きい。ありきたりな言い方になるが、滝の消滅は生物の生存の危機の予兆でもあるのだ。

月
人との豊かなかかわりの歴史

ベアント・ブルンナー、山川純子訳（白水社）2013.02.10

キース・ヘリングは恋人に呼び掛けるように月に想いを語り、それをTシャツに書いた。フェデリコ・フェリーニは映画「ボイス・オブ・ムーン」の中で、月が自分を呼ぶ声を耳にした男を描いた。

ヘリングもフェリーニも、芸術家はアポロ計画によって神秘のベールを剥ぎ取られ、物理的な土の塊としての現実となった月には全く関心を示そうとはしない。

本書は、月の探究を通して私たち自らの謎の解明に迫ることが可能では、という試みでもある。確かに月は、人間の長い歴史の中で芸術家でなくとも想像力の源泉としてあり、月を主題にして多くの優れた芸術作品が生み出されたが、その記録の書である。

人格化または神格化としての月は、わが『竹取物語』に代表されるように、人間の運命にも深く関与している。天体と地球の関係は幻想を超えてもっと身近に体感してきた。日頃われわれは月の存在とその重要な働きにはほとんど無関心でいるけれど、月が地球の地軸のバランスをとってくれていることで地球の生命が今の姿で存在しているという事実を、知れば知るほど月を見る目も変わるのではないだろうか。

だけれど、一方ではかつての米ソ冷戦時代の対立の中での駆け引きによって皮肉にも人類が驚くほど早く月に立つことができた。このことで夢が未来に一歩前進したかもしれないが、われわれが心の中に宿した人格としての月との対話を失ったことは確かだ。かつての想像力の対象としての月に比べれば「月は退屈」（カール・セーガン）な代物《しろもの》になってしまったのも事実である。

「ボイス・オブ・ムーン」のラストで、野原の井戸に耳をすます主人公に、月の声が囁《ささや》いていたのを思い出した。「もう少しの静寂があれば、皆も静かにしていれば、囁きの意味がわかるかもしれない」

ヨーロッパの形
螺旋の文化史

篠田知和基（八坂書房）2010.11.28

ジョルジュ・デ・キリコが形而上絵画の時代を終えて、晩年近くに新形而上絵画を確立するが、この絵画作品に頻繁に登場するヘンテコリンなオブジェがある。巨大なS字形にねじれたオブジェで、その両先端がペロペロ飴みたいに内側に渦を巻いている。そんな形象が建物に寄りかかっていたり、画面の両サイドから門柱のように出っぱっていたりする謎の造形物だ。

ところがローマでキリコの家を訪ねた時、その謎が解けた。そのヘンテコリンな原型は、バルコニーの鉄の柵の装飾の一部だったのである。実は、この螺旋とも渦巻きともとれる唐草模様に似た形こそ、ヨーロッパの精神の核をなす象徴的なフォルムであったということを、僕は本書で初めて知った。

そういえばヨーロッパの建物の内部には螺旋状の階段が至るところに存在する。ネジ釘のようにねじれながら上昇し、下降する階段がヨーロッパの精神と肉体をひとつに結びつけていたことに気づいた時、僕は自作の中にも螺旋や渦巻きを導入していたことを発見して驚いた。

著者がヨーロッパの螺旋の文化史を構築するためにたどる肉体と精神の旅は、本書でも触れられているウィリアム・ブレイクの「ヤコブの夢」と題する絵――天に向かう螺旋の階段を昇る天使たちの光景――と、どこか二重写しになっていく。

著者は、ヨーロッパ全土に展開される螺旋や渦巻きがヨーロッパの機械文明の基本として、ヨーロッパ文化の形を形成していると論じ、神話から政治、芸術、祝祭、食生活に至る様々な場での効用を200点の図像を挙げながら具体的に解明していく。

この書を読みながら、僕はふと人間の肉体に宿る渦巻き螺旋の形態に想像が及んだ。指紋、つむじ、三半規管など、すでに自分自身が渦巻きの原型であることを。また人間のDNAの二重螺旋構造がマクロの宇宙空間に茫洋と浮かぶ渦巻き星雲と相対する時、人間と宇宙の間をつなぐ壮大な空間になぜか、輪廻と転生のビジョンを夢想してしまうのだった。

冒険とロマン

ジュール・ヴェルヌの世紀
科学・冒険・《驚異の旅》
フィリップ・ド・ラ・コタルディエール、
私市保彦監訳（東洋書林）2009.04.26

ジュール・ヴェルヌ。その名を聞くだけで、ぼくは大いに熱狂したものだ。そんな熱狂をもたらした首謀者がいる。彼の著作の中の挿絵たちだ。

ある時、ポール・デルヴォーが描く裸女群像の中に場違いな奇妙な男がいた。この男こそ、『地球の中心への旅（地底旅行）』の探検家オットー・リーデンブロックだった。ぼくの小説世界への先導者はこんな具合に、聖書に始まり、ダンテ、ワイルド、ポー、キャロルに至るまで、その多くは挿絵絡みだった。

本書にもヴェルヌの〈驚異の世界〉を俯瞰できる多数の挿絵が収録され、ちょっとしたヴェルヌ百科事典の様相を呈する。ただし、約5000点もあるという挿絵の大半は小説が未邦訳（残念！）のために見ることができない。ファンの熱狂が不発で終わるのはなんとも寂しいが。

ヴェルヌといえばSFの父と呼ばれ、その小説には19世紀の科学技術の進歩が徹底的に応用された（実際、本書の大半は当時の科学と彼に焦点を合わせている！）。だが、われわれが誘導されるのは、ダ・ヴィンチ的ともいえる科学を水脈とする豊かな神話的世界にこそある。

そんな魅惑の王国『海底二万里』や『神秘の島』に登場するネモ船長は、今も潜水艦ノーチラス号を待機させているはずだ。ぼくもノーチラス号を包囲する海底の神秘的超絶美に圧倒されて、何度も自分の作品に「独立した人間」ネモ船長の透徹した視線を移植したものだ。

さらに、『海底』から『神秘』までネモ船長が反復（イメージの貫通）される時、そこにもう一つ大きな物語が立ち上がってくる。この芸当を可能にするものこそ、文学の存在理由である。そこでわれわれは子供の眼と心と魂を獲得するのだ。

「科学の世紀」から現代へ。「夢と影響を与えてくれた別格の文学作品」として、ビュトール、ロラン・バルト、ミシェル・セール、ル＝クレジオらがヴェルヌへの感謝の証言をくり返している。というのも、ヴェルヌによって発掘された彼らの青春（ノスタルジーではない！）を自ら強く確認したからだろう。

水深五尋

ロバート・ウェストール、金原瑞人・野沢佳織訳、
宮崎駿画（岩波書店）2009.05.17

『水深五尋』という題名に惹かれた。その時、ジュール・ヴェルヌの『海底二万里』の潜水艦ノーチラス号を連想した。結果は中《あた》らずと雖《いえど》も遠からず。現代のイギリス児童文学を代表する作家のドイツの潜水艦Uボートの話で、この点においてもヴェルヌの鬼っ子といえよう。

第2次世界大戦中、イングランドのガーマスという小さい港町は一触即発の緊張した空気に包まれていた。河口付近の海底にはUボートがサメのように徘徊し、町を恐怖一色に染めていたはずだが、なぜか陽気だ。

そんなある日、「母さん」との葛藤に悩む主人公のチャス少年は、河口近くの悪臭漂う水辺の浮遊ゴミの中から奇妙な物体を手にする。これこそドイツ軍に発信するスパイの通信装置と決めつけ、ソリの合わない悪友、密かに恋心を抱く身分の異なる少女、すでに社会人になった同級生の少女の４人でスパイ探しが始まる。

だが、疑えば目に鬼を見る――という疑心の磁力が、彼らをジワジワと窮地に導く。浅い川も深く渡れ――の教訓は馬耳東風。先行した好奇心が町の人間さえ恐れる貧民街ロウ・ストリートを掻《か》きまわす。

物語の前半はチョイ悪『少年探偵団』、後半は不良版『十五少年漂流記』の再来を暗示しながら、かつて少年の頃に誰もが手に汗した血湧き肉躍る未知と謎の境域に主人公らが搦《から》め捕られていく運命や身のほど知らずの無垢な魂に、冷やひやする。

そして性と暴力、愛と死、信頼と裏切り、権力と偽善、悲哀と歓喜、罪と罰など汚れた大人社会の虚実を、Ｕボートを探知するサーチライトのように、チャスらの純な少年の視線が舐《な》めまわし、暴きだす……。

信じるものを失ったチャスが最後に寄せる信頼は、永遠に変わらぬ「父さん」だ。〈水深五尋《ひろ》の海底にそなたの父は横たわる……〉。「あの詩は間違っている」と彼は心の中で叫ぶのだった。本書は児童のための物語である以上に、少年性からすでに離脱してしまった大人のための大人の成長物語だ。そう読めばあまりにも皮肉であろうか。

洞窟ばか
すきあらば、前人未踏の洞窟探検
吉田勝次（扶桑社）2017.02.19

運命の力が作用して、なるべくして洞窟探検家になった「俺」は高校を辞めるまでは無謀なアウトロー的人間であり、直感に従った行動で危険な目にも遭うが、彼を導くことになる運命は時に試練を与えながら彼の肉体と精神を強固なものに鍛え上げ、洞窟探検家としての不屈の人格を自力と他力の両輪に噛《か》み合わせながら、未知の驚異の世界の入り口へと読者を誘う。

その探検の過程にはハラハラドキドキ。本書の描写がコントロールされた感情に裏付けされているように、洞窟内での行動は常に冷静さが求められる。

彼の人生は一見、衝動的で向こう見ずに思えるが、実は高所恐怖症で闇を恐れる。その性格は洞窟探検家に向いていないように思えるのだが、だからこそ、未踏の未知の風景を現実の領域に取り込み、とんでもない危険に挑戦してしまうものの、感覚と理性のバランスよく常に無事に帰還するのである。

何百メートルもある深くて暗い洞窟の底で数人の仲間と数日間滞在するそのノウハウは、その都度考案されるが、下手をすると命の危険にさらされる。小さい岩の裂け目や小さい穴の向こうにどんな架空の世界が現出するか、やってみないとわからない。そんな幻想を現実のものに変えてしまった時の感動は当人にしかわからない。洞窟内での距離も底もゴールもない結果も想定できない世界に一生を捧げるその情熱とエネルギーの源泉は、ただただ未知への挑戦以外にはない。

そんな彼の生き方に賛同し、何のためでもなく、洞窟のためだけに生きたいと集まってくる者の中には、夢の中で神に「洞窟探検家になりなさい！」と啓示を受けたという者さえいる。

ジュール・ヴェルヌの『地底旅行』、地球空洞説、〈アリスのうさぎ穴〉を創造させた洞窟は、その彼方に現実を架空化させる驚くべき未知と秘密の世界が隠されているかも知れないと思うと、ひとり高揚する。

海にはワニがいる

ファビオ・ジェーダ、飯田亮介訳（早川書房）2011.11.13

旅の宿で10歳の息子に三つのことを約束させて、翌朝忽然《こつぜん》と母は姿を消した。その三つの約束とは、麻薬に手を出さない、武器を使わない、盗みを働かない、以上。

アフガニスタンからパキスタンに置き去りにされた孤児同様の少年が、度重なる生命の危機に遭遇しながら8年間にわたる決死の密入国の旅を続け、イタリアに安住の地を得るまでの想像を絶する冒険譚のドキュメントである。

タリバーンらの迫害から息子を守るために隣国パキスタンに連れ出さざるを得なかった母の辛さ以上に、少年の苛酷な毎日の生活は人間でいることさえ怪しくなるほどだ。10歳そこそこの子供がどうしてこのような運命の苦境に投げ出されなければならないのか、読む間中、その疑問が頭から離れなかった。

少年の8年間の成長物語だと言ってしまえば簡単だが、このドキュメントはジュール・ヴェルヌの冒険小説ではないのである。だから読者は主人公のエナヤット少年の生の魂と共鳴して、人間の運命について深く考えさせられてしまうのだ。

エナヤット少年が絶体絶命の窮地に立たされた時、どこからともなく微風が吹いてくるように救いの手が差し伸べられる。西洋には運命の女神がいて、危機に瀕した人の先回りをしてその人を救助したり、人間を介して天使がその役割を果したりするというような話をどこかで読んだことがあるが、なぜかそんな奇蹟がこの少年には起こるのである。断っておくが、この書物は精神主義的な啓発書とは全く無関係な、ヒリヒリするような事実の連続だ。表題の『海にはワニがいる』というのは、本来危険でない場所にさえ危険が潜んでいるという意味に僕は解した。

この少年のように人生を肯定的にとらえ、且つ勇気があれば、運命に流されない強度な人生が得られると示唆されたような気がした。

アンディ・ウォーホル

とらわれない言葉　アンディ・ウォーホル

アンディ・ウォーホル美術財団編、夏目大訳（青志社）2010.04.25

「私を知りたきゃ私の絵の表面を見ればいい、裏には何もない」。アンディ・ウォーホルの有名な言葉だ。つべこべ理屈をこく前に、包み隠さず自分の全てを吐き出した絵を見てくれと言わんばかり。「どうせ僕は完全にうわべだけの人間だよ」とそらとぼけて舌を出す。「誰もが15分間なら有名になれる」というのも有名な言葉。またみんな機械になって「誰も彼もみんな同じになればいい」とも言う。大量消費時代の複製人間は、自他の区別のないペラペラの印刷物やブラウン管の中の他者としての自分を夢想する。

彼の作品はマスプロデュースされた商品や情報が主題でイコンのように描いた。さらに自作や自身を「ニセモノ」と規定してオリジナル性の欺瞞を暴き、「なんでオリジナルでなくちゃいけないの？　他の人と同じじゃいけないのかい？」と問う。

かと思うと、「僕は空っぽになるのが好きだ」と言いながら「鏡を見るのは辛いな」とそこに何もない空っぽの恐怖に脅える。だからか、ウォーホルは自分が何者かを知られたくないために、「聞かれるたびに答えを変えるんだ」。自らを謎の存在として神話の人物に仕立てたいのかと思うと、その一方で自分のことを知ってもらうのは「ピーナッツを食べることに似ているね。始めちゃったらやめられないんだ」と平気でしらばくれたりもする。

ボクはウォーホルに何回か会った。ボクは自分に関心があるタイプだけれど彼は他人に異常に興味を持ち、人の噂話が大好きで、そのために毎晩のように社交に出掛ける。要するにのぞき趣味のゴシップマニアで、彼は「それが本当に好きなんだ」。

本書はウォーホル語録のコレクションである。女性に銃撃されたが、その後20年生きて58歳で死んだ。彼のあの石膏のような真っ白な皮膚はまるで生者を装っている死者のように見えた。墓碑銘には「全部ウソだった」と書けばいいと言い、死んだといわずに「消えた」と言ってもらいたいと願う。だって死者が2度死ぬのは変じゃない?

アンディ・ウォーホルのヘビのおはなし

アンディ・ウォーホル、野中邦子訳（河出書房新社）2017.06.18

ボクはアンディ・ウォーホル。芸術家になるために前歴のイラストレーターを闇に葬って、見事、芸術家になりすまして大成功した。ところが芸術家としての名声を手に、評価が決定的になった頃、かつての隠蔽《いんぺい》していたイラスト作品を公開した。

「この野郎！」と思ったのは評論家と学芸員だったたろうな。というのは、埋葬したはずのイラストを再発掘することで、逆にイラストを芸術作品として昇華させる作戦にでたからだ。ピカソが（若い内に成功しちゃえば、あとは何でもありさ）と言ったその教訓に従ったボクの作戦勝ちということさ。

そんなボクのしたたかさを見せつけたのがこの絵本さ。出版社も読者もボクの戦略にまんまと騙《だま》されちまったよ。大方の人間は、この本のイラストはボクの１９５０年代のイラストレーター時代の作品だと信じているに違いない（笑）。ところがこれは63年作で、ボクはこの頃すでにミスター・ポップアートなんて呼ばれるスターになってたわけさ。あの有名な「ゴールド・マリリン・モンロー」やキャンベルスープ、コカコーラの反復作品、さらに……etc. と挙げていくとキリがないさ。この事実に驚いただろう？

この本のイラスト、いや絵だよね？　とにかくよーく見てごらんよ。50年代のボクのイラストと違うだろ？　ほら、この書評の書き手のYは「手抜きだよ、アンディ！」と言ったが、「その通り」だよ。だからさ、そのイラストはアートになっているんだよ。つまりYが指摘するように、真面目に描くとイラスト、不真面目に描くとアートになるってことさ。ここんとこが面白いだろ？　判《わか》るかな？

さて、本書の主人公は蛇。蛇皮会社がボクに依頼した本さ。ボクにはHight & Lowの境界がないから通俗だって何だって区別がないんだ。成功者のボクに〈ねばならない〉という大義名分は通用しないさ。ボクは名士になるために社交界に出入りしながら、セレブのリストを増やしていったんだ。

そんなある日、蛇皮会社の社長が、人が嫌う蛇の絵を描ける画家としてボクに目をつけた。ボクって蛇に似てるじゃない？　くねくねしてて。他のイラストレーターが描くとヘビメタ（笑）になっちゃうよ。こうして蛇の絵を引き受けたボクは、セレブな人間や商品や場所に蛇になって侵入して、なぐり描きの絵を描きまくったさ。まあ、社長と忖度《そんたく》のお遊びに興じたってわけさ。

とにかくボクのイラスト時代の絵と見比べてみてよ。やがてボクに騙されている自分に気づくかも。もし見る目があればの話だけどね。芸術って怖いだろ？　まるでテロだよね。

ルネ・マグリット

ファントマ
悪党的想像力
赤塚敬子（風濤社）2013.11.10

ファントマを知ったのは、ルネ・マグリットの画集を手にした１９６０年代であった。以来、心を去らず、自作の主題にもしてきたのは、マグリットの絵にたびたび描かれる黒タイツ姿の怪しい人物や、スタラーチェ描く〝ＦＡＮＴＯＭＡＳ〟の表紙絵をそっくり模写したマグリットの「炎の逆流」のファントマに、少年の頃熱中した怪人二十面相や怪盗ルパンの原型を見たからであろう。

マグリットやアンドレ・ブルトンを入り口としてシュルレアリスムに感応し、それが深化していく過程で、僕のファントマ意識は芸術の根幹と親和性を結んでいった。ファントマを換骨奪胎したマグリットを端緒として他の作品を見渡していくと、例えばブルトン執心のクロヴィス・トロウィユの作品にも、〝FANTOMAS〟の表紙を飾った「切断された手」(マグリットも引用)が頻繁に登場するし、黒マスクに全身黒タイツの女ファントマが盗品を手に逃走する絵や、ピカビアの全身黒タイツを着用したようなシルエット人物もファントマを連想させずにおかない。

本書は、シュルレアリストたちの仕事やフイヤードの映画「ファントマ」のシリーズ化で、ファントマがいかに大衆のイコンとなり、百年を経た今でも人気が衰えないか、人間性、犯罪、非道徳性、低級さ、芸術性、破壊的魅力などの背景を探り、歴史的に解明していく。手際は実に鮮やかだ。ベルエポックのパリを震撼させたファントマの存在をここまで幅広く深く探究した文献は、わが国では『ファントマ幻想』(千葉文夫・青土社)と本書のみであろう。

一ファントマファンとして本書の出現には随喜の涙を誘われるが、この常軌を逸した非道な悪党がなお愛されるのは、芸術の創造と自由な精神への無制限にあり、ファントマの存在こそ、もうひとつの「シュルレアリスム宣言」とはいえないだろうか。

マグリット事典

C・グリューネンベルク、D・ファイ編著、
野崎武夫訳（創元社）2015.06.21

絵による書評

ルネ・マグリット　国家を背負わされた画家

利根川由奈（水声社）2017.04.30

パイプの絵を描いて「これはパイプではない」と言うマグリットはベルギー人だが、作風からはベルギーの民族性は全く感じられない。同国のボスの絵は民族的幻想的だが、マグリットは「私は現実の世界に生きている」と日常の事物を主題にする。そのためにポップアートの祖と位置づけられたりするが、本人はポップアートはダダの二番煎じと否定的意見を述べている。

「この本はマグリットの作家論ではない」

本書名『国家を背負わされた画家』からは、かつて日本の国粋主義者・横山大観が、絵の売り上げで戦闘機を国家に献上したあの一件を想起してしまう。

「国家を背負わされた画家」とは、ベルギー教育省の文化政策の一環としてマグリットが海外のビエンナーレに作品を出品したり、王立施設の天井画や壁画、王立航空会社のポスターなどの制作に関わったりしたことを指す。だけどマグリットは、過去の作品の焼き直しを反復することで、オリジナルに上手く肩すかしをくらわせた。

「これは書評ではない」

ベルギーを象徴するものが何もないマグリットを、王立美術館館長は「国家の象徴」と名指ししたが、マグリットの嫌悪するものは民族的なもの、広告、装飾芸術と、国家と意見を異にする。実に皮肉なもの。広告と絵画を並行して制作したが、全て生活の一部で国家とは無縁。彼には国家意識はない。ひとりの画家に対する理解と同情を求める教育省の発想には、芸術に対する真の愛情と批評が欠如している。国家は社会的意味において自らを正当化したに過ぎない。

アメリカでのベルギーの対外文化政策はまるで経済政策だ。買うならベルギーの財団を通して購入して欲しい、と。さらにマグリットの人気に便乗して若手を売り込む……。その結果は教育省のマネジメントの限界の露見で終わる。

「この画家は国家を背負わない」

バルテュス

バルテュス、自身を語る

バルテュス、鳥取絹子訳（河出書房新社）2011.03.27

寡黙で寡作で、孤独と絵画とモーツァルトとロッシニエールの館《やかた》と神を愛した20世紀最後の画家バルテュスが重い口を開いて自身を語った「唯一の回顧録」である。

私の中でバルテュスは、長い間神秘と謎の画家として、その解明を避け続けることにむしろ歓びを抱いていた画家である。その複雑にして単純な作風だけを眺めていると、一体いつの時代のどこの国のどの様式に属する画家なのかさっぱりわからないだけに、彼を偏愛せざるを得ないのである。

そんなバルテュスが重い衣装を脱いで精神の裸身を晒してくれたが、自作の解説だけは見事に黙して語らない。永遠に墓場の中に沈黙を固定してしまったのは、彼が真の画家であろうとしたからだろうか。

彼が全く評価しない現代美術家の大半は自作の観念をペラペラ語りたがる。そんな態度を恥ずべき俗界の俗物として彼の世界から完全に排斥してしまう。

バルテュスの一語一句に触れる時、私の仮面が剥がされて逃げ場を失いそうになる。彼が光を求める一方、私はその光から逃れようともがき、自分が同じ土俵の画家でいることの羞恥に耐えられなくなるのである。

それは、彼が絵画の神秘に宗教的な祈りを捧げる魂の声と対話する画家であるからだろうか。彼は宗教的絵画を描くシャガールを「偽りの人為的」画家、ルオーは創意に欠けた「内面の空間に到達することを知らない」画家と一刀両断。返す刀でシュルレアリスムも血祭り。

こんなバルテュスの過激な発言と裏腹に、彼の生涯はおよそ波瀾万丈とは無縁の家族愛に包まれ、彼の絵が語るような自然の静寂の中を流れる昨日も今日も明日もない反近代的、非連続の時間の中で、私は彼の瞑想と振動《バイブレーション》を共有するのだった。

彼は自らを芸術家と呼ばない。職人であることの誇りが彼を社会と切り離し、孤高の画家のイメージを与え、１９６０年代の若者にスイスの聖者と呼ばれたヘッセとどこか結びつくが、実はバルテュスが愛したのはリルケであった。

評伝　バルテュス

クロード・ロワ、與謝野文子訳（河出書房新社）2014.05.25

画家はその作品において自ら伝記作家になり得る場合がある。バルテュスも作品を通して人生を記録し続けた。一般的に彼は作品の神秘と謎によって人生の秘境を制する孤高の画家と思われているが果たしてそうだろうか。

もし彼の絵画を覚醒した網膜に映し出すなら、隠蔽した秘密など何ひとつ存在しないことがわかるはずだ。絵画はその作者以上に正直である。絵画は画家の心の秘密さえ暴く魔力をその本質に有している。従って伝記作家は画家の生い立ちに関与した環境や事実や人物を歴訪する以前に徹頭徹尾、作品の凝視から怠惰であってはならない。作品はすでにその本性を裸出しているからである。

さて、本書の多くはバルテュスの少年期に言及されている。特に芸術家は少年期にその人格が形成され、その時期の非言語的で不透明な感覚がその後の作品の源泉になるとすれば、彼が執拗に主題にする複数の変奏バージョンこそ彼の内なるアンファンテリズム（幼児性）であろう。児童文学の挿絵や絵本のスタイルの引用、または意図的に素朴で稚拙な表現、そして非西洋的な中国の風景、東方からやってきた奥方、画家の早過ぎる成熟期を彩る性的な戯れを暗示する少女王国の世界！

この秘められた鏡の向こうの夢幻的、演劇的日常の「スキャンダル性を含みもつ」作品の作家は「快楽の画家」としての世間的「レッテルを定着させる」。だが、このような評価は女性を性的欲望の対象として見る男の視線である。

むしろ少年期に「アリス」を愛《め》でた少年バルテュスの私的な体験による未知なる女性への憧憬が、鏡や猫（バルテュス本人）と共にあの灰色の画面の中で永遠の未完を呼吸し続けることだろう。

四年に一度しかやってこない日を誕生日とするバルテュスをリルケは、クラック（隙間）に入る者は時間の外に出ることに成功すると言った。

禅

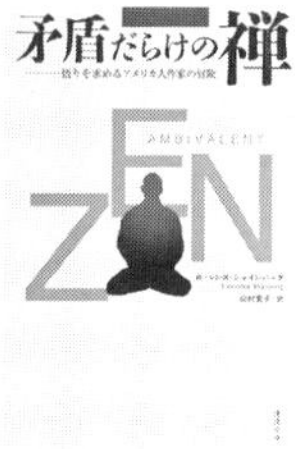

矛盾だらけの禅
悟りを求めるアメリカ人作家の冒険
ローレンス・シャインバーグ、山村宜子訳（清流出版）2010.06.20

西洋人が東洋の神秘に憧れ始めた60年代、日本人だと見ると禅問答をふっかけてくるアメリカの知識人は多かった。そのことが仏縁になって僕は禅寺に1年間参禅することになった。

「何しに来られたのか?」

「悟りに……」

「人は生まれながらに悟っておる。その上にまだ悟りたいのか」

僕とある老師とのチンプンカンプンの会話だ。

「まあ黙って座りなさい」

禅は只管打坐《しかんたざ》あるのみ。理屈無用の世界だ。

本書の著者は作家だが、若くして発心し、禅の世界に足を踏み入れた。そして次第に精神の危機に侵されていく。読者の興味の対象は皮肉にもその精神の崩落過程だ。これは、禅を経験した者が一度は辿る道程である。僕はサッサと足を洗ってしまったが、この作家は執拗に食い下がる。彼の師の球童老師は、すでに彼の心を見抜いて作家である著者を何度も戒める。

小説を書くのをやめろ。でないと「頭でっかちから抜けだすことができない」と。何が言いたいかというと、白隠禅師が言うように「一度死ねば真に生きることができる」のだ。「死ぬ」ということはバカになることである。禅はバカになる修行である。僕がつまずいたのもここだった。

しかし、この著者は小説を捨てることができない。だったら禅から足を洗うしかない。彼は二者択一を迫られる。老師はきっと、禅を小説を書くための駆け込み寺にしてもらいたくないと言いたかったに違いない。やる以上「死ぬ」しかない。つまり禅のアマチュアはいないのだ。禅はプロフェッショナルでなければならないのである。

日本に帰った老師の後を追って著者は日本にやってくる。そして老師に会うが、老師の一変した態度の冷たさに彼は驚愕する。何か礼節を欠いたのではと悩みもする。その答えが見つからない。まるで公案を突きつけられたように苦しむ。でも、その答えは彼が作家であり続けて犠牲を払おうとしない態度にあるのではないのか。それでも著者の冒険は終わらない。

迷える者の禅修行

ドイツ人住職が見た日本仏教

ネルケ無方（新潮新書）2011.02.27

世の中には物好きというか、命知らずの運命に挑戦する勇気ある人間がいるものだ。16歳で仏縁に出会い発心したドイツ人の若者が、西洋の価値観と真反対の日本の禅寺に、道元禅師よろしく海を越え正法を求めて飛び込んできた。葬儀産業と化した日本仏教の実態を目にし、なお道を深く分け入る彼を待っていたのは軍隊より厳しい地獄の禅修行（私の体験から）だった。

まず、著者を受け入れた禅寺は兵庫県の山奥の安泰寺である。ワクワク気分の著者に堂《どう》頭《ちょう》（住職）は訊いた。

「何をしに安泰寺に来たの」

禅を学び修行のためと答えた著者に堂頭は目を光らせた。

「安泰寺はお前が創るんだ」

「私とは何か、何のために生きるのか」の問いへの、彼の観念による解決は間もなく「身体がそのまま私だ」という実感によって崩れると同時に、そこに創造があることを知る。そしてその創造は自己を放下し、西洋と日本の衝突の中で彼のエゴは苦しみながらも「自己を忘れる」ことこそが仏となる道と本懐を遂げるが、理屈っぽい人間と見抜かれた著者は安泰寺を下山せざるを得なくなり、京都の臨済宗本山僧堂に身を寄せる。が、彼の前途には新たな運命の試練が手ぐすね引いて待っていた。

「座禅はただ座るんじゃない、死ぬこっちゃ」――早うドイツに帰りなはれ、でないとほんまに死にまっせ、と声を掛けたくなるこの私。決意と決断の彼はほんまに死ぬ気か。――かと思うと突然心身脱落したかのようにコロッと心が楽になり、怖いものもなくなる。

次なる運命はホームレスになって大阪城の公園での伝道だ。そしてそこに駆け込んできた女性と結ばれる。そんな時も時、不退を誓って下山した安泰寺の堂頭の事故死。急いで彼女にプロポーズする著者。読んでいて先々が見えないこの運命の戯れの源泉は一体、何?

「安泰寺はお前が創る」と言った堂頭の言葉が現実に。現在、二人の子宝に恵まれた住職のネルケ無方師は座禅が「未だに分かりません」「迷える者であり続けたい」と述懐する。

昭和の記憶

「講談社の絵本」の時代

昭和残照記

永峯清成（彩流社）2015.03.08

「講談社の絵本」は昭和11（1936）年、僕の生誕年に創刊、翌12年には年間45冊と驚異的な刊行数に達した。当時の一流画家を総動員、子供の絵本ではこれ以上の贅沢はない。企画においても国家的事業並みで、昭和16年まで年間30〜40巻の刊行を続けていたが、太平洋戦争勃発翌年の17年、突如休刊する。

真珠湾攻撃で国中が戦勝ムードに沸き立ち、「講談社の絵本」も一気に刊行数が跳ね上がるはずだった。なぜなら17年、ミッドウェー沖海戦でも大勝利が伝えられたからで、休刊は腑に落ちなかった。しかし現実は、日本軍の大惨敗を大本営が秘匿したのだ。この時、「絵本」の休刊とミッドウェーの捏造された勝利の関係に疑問を抱いた者がいなかったはずがない。休刊が日本の敗戦の予兆だったという事実を国民の前に黙殺しなきゃならないほど、日本の戦況は悪化の途にあった。

以上は、本書の主題ではない。著者は僕より4歳年長だけあって、この時代の様相をまるで鈴木御水の細密ペン画を見るように実に克明に記憶・記録している。著者の関心は幼児の頃から歴史画にあり、「絵本」の「国史絵話」全作を驚異的な観察力によって描写する。ついでに言うと僕の「絵本」への興味は、幼かったせいか神話とお伽噺《とぎばなし》が中心だった。

著者は後に歴史家に、片や僕は物語的画家（?·）。本書は「講談社の絵本」の「時代」を歩みながら、幼少年期のまだ平和で豊かな戦前の美しい「日本の故郷」という原風景を表層から無意識まで博覧強記的に掘削し、今や歴史の記憶から忘却されつつある、僕たち後期高齢者のみが魂で体感したあの「昭和」の時代をもう一度、「残照」の中で蘇らせてくれるのである。

人は老齢と共に、初原的な魂の故郷を終の住処にしたがる。本書は戦争を知らない世代の人たちにはどう映るのだろうか。

昭和の流行歌物語
佐藤千夜子から笠置シズ子、美空ひばりへ

塩澤実信（展望社）2011.09.04

好みからいうと「流行歌」というより「歌謡曲」かな？　でも、「流行歌」を「歌謡曲」に言い換えたのは戦時中のおカミだそうだ。

「歌は世につれ、世は歌につれ」ながら時代の歌は現実の人の心の飢えや、どろどろした情念を写実的にリアルに描いたかと思うと、虚構の世界を設定して時空を非日常的な想像の中でうんと飛翔させて、自由に夢や愛と戯れながら遊ばせてくれる。どの歌も世相を反映しているがどこか仮想じみているのが流行歌だ。そして気がついたら、われわれは物語の中の主人公になってしまっている。

流行歌によって現実はペロッと裏返されて虚構化されてしまう。その最たるものが軍歌で、まるで大本営作詞かと思わせる歌もある。しかし歌い継がれるのは当局推奨の勇ましい歌ではなく、悲壮感あふれる短調の調べだった。

歌が先か世が先か知らないが、流行歌の運命を仕切るのは全てレコード会社の商業的思惑で、スターダムに乗るのも凋落するのも売れる売れないの一点で決まる。これは歌手だけではない、作詞家、作曲家もこの運命からは逃れられない。本書の著者は、そんな現場の修羅場をまるで見てきたように語る。本書には著者と著名音楽家たちとのツーショット写真がたくさん掲載されているが、歌が生まれ、ヒットする現場に入りこんで描いたルポだけに臨場感がある。

本書は、流行歌が物語る立派な昭和史である。そんな昭和の時代を走り抜けたのが女王・美空ひばりで、人気ナンバーワンは「青い山脈」。だけど激動の昭和史の代表的国民歌の筆頭が、なんと歌手では素人の渡哲也の「くちなしの花」だというから驚く。この歌を聴いた石原裕次郎が「もしヒットすれば銀座を逆立ちして歩く」と豪語したように、ヒットの絶対条件は誰もわからないのだ。どうもヒット曲は「社会的条件」と関係がないらしい。

物語

いきのびる魔法
いじめられている君へ

西原理恵子（小学館）2013.03.17

表題作は、学校に行くといじめられるので嘘をついてでもずる休みをしなさいと作者は反道徳的に子供をあおる。でないといじめられて自殺することになるよと。16歳まで待てば社会に出て働ける。働けば自由になれる。「自由は有料です」と作者は言う。ただでは手に入らないのだと。

かと思うと並録の「うつくしいのはら」では、やたらと学校へ行けとうるさい。字をおぼえれば世の中のことが理解でき、「商売ができ」て、人に食べ物を与えられなくても働いて食べていけるからだ。

——と判断した若者は戦争に行き、そして外地で戦死してしまう。野原で腐乱死体になった若者を見つけた一人の女の子はこの男と語り合う。彼は「海のむこうのくにから」来てここで殺されたと言う。食べものをもらって家族を養うのは屈辱的だから兵隊になって稼ごうと思った。

でも死んだ「今のほうがもっとみじめじゃないの?」と問う女の子に、男はこの方が青空しか見えなくて「らくちん」だと答える。彼女が死体を埋葬したら次の年にそこから空豆の木が生えた。そして何年かが経った頃、その空豆が彼女のお腹《なか》に宿って可愛い赤ちゃんが生まれた。この子供は「あの時の兵隊さん」であることを彼女は本能でわかっていた。

母親になった女の子は子供の頃、親に言われたように息子に「字をならいなさい」と言う。そんなある晴れた日戦争が起こり、お母さんは死んでしまった。そんな死んだ母が、「今日はどんな字をならってきたの?」と息子に聞く。

「うつくしいのはら」という字を習ったと答えた男の子は成長して軍隊に入り、そして美しい野原の中で敵の銃弾で死ぬ。そして死んだ彼は先に死んだ母と野原の中で対面する。母は「次にうまれて人になるために一つでも多くの言葉をおぼえましょう」と息子を励ます。何度読んでも胸に響く純文学的漫画絵本だ。

戦場の画家

アルトゥーロ・ペレス・レベルテ、木村裕美訳（集英社文庫）2009.04.05

『戦場の画家』という題名から想像すると、兵士になった画家のドキュメンタリーとばかり思っていたら、実はスペインを代表する著名な作家のミステリー仕立ての小説だった。深遠で謎に満ちた作品だが、それにしても全編に戦場の画家という主人公の呼称が、なぜか数え切れないほど頻繁に反復される。その真意は一体どこにあるのだろう。

というのは彼は戦争カメラマンで戦場の画家ではないからだが、読者はあまりにも反復が多いのでいつしかサブリミナル効果で洗脳されていく。戦場の画家が本当に画家になるのは、地中海に面した高台の望楼の内部の壁に写真では撮れなかった戦争画を描くに至ってからだ。

そんなある日、クロアチア人の元民兵が訪ねてくる。そして言った。「あなたを殺すためですよ」。戦場の画家がかつて撮った民兵の顔が雑誌の表紙を飾ったために、私の人生は破壊された、と。何と理不尽な因縁をつけられたものだろう。ここから心理的サスペンスドラマが深く静かに潜行しながら、男の一方的な論理で戦場の画家をジワジワと壁際に追いつめていく。

そして両者の論理が一致を見た時点で処刑が成立するという何とも観念的なお話だ。まあなんとか殺す側も殺される側も理由が立ったとはいえ、いつしか2人の間にはギクシャクしながらも妙な友情（？）が生まれる。クロアチア人との延々と続く議論の隙間《すきま》を縫って、戦場の画家がメキシコで知り合った女性も登場する。彼女の卓抜な美術的教養と知識を得ながら、2人はセクシュアルで暗示的な関係へと深化していく。

彼女はあくまでも戦場の画家の回想の中でのみ存在するのだけれど、物語の進行に伴って2人の男の対話に恋人との蜜月時間がパラレルに、またシンメトリカルに交差しながら物語の核心を創造へと導く。

さらに、3人の運命が壁画の主題である戦争画への奔流を形成する。その背後には、ジョット、パオロ・ウッチェロから始まって、ゴヤ、セザンヌ、ピカソ、キリコを通過して現代美術のアイドル、ウォーホル、バスキアら60人が西洋美術史を横断し、戦場の画家に霊感を与えながら助力する。ほかにも写真家、映画監督、詩人、数学者、建築家、それにギリシャ・ローマ神話の神々まで、総勢100人以上の芸術家、賢者の存在も知らず知らず関与している。

彼らの霊感の断片が歴史の万華鏡を奏でながら、処刑の秒読みに一歩ずつ接近する。同時に、増殖していく絵のイメージとどこまで戯れることができるか楽しんでいるうちに、物語は肉体の限界と魂の永遠を暗示しながら『戦場の画家』が終息に向かっていることに、われわれは思わず気づかされてしまう……。

余談だが、戦場の画家にふさわしい表紙には、謎と不安、夢と現実、記憶と時間、エロティシズムと死の錬金術師キリコの、文中にもある「出発の憂鬱」をぜひ使ってもらいたかったなあ。

ＦＢＩ美術捜査官

奪われた名画を追え

ロバート・Ｋ・ウィットマン、ジョン・シフマン、
土屋晃・匝瑳玲子訳（柏書房）2011.08.21

これが映画や小説ではない、現実に起きた話だけに面白い。現実も捨てたものではない。なんて呑気《のんき》なことを言っているが、本書は歴史上、類を見ない名画窃盗事件の火中に飛び込んだＦＢＩ美術犯罪捜査官で、百戦錬磨の知的駆け引き術で窃盗団の一味をじらしたり追い込んだりする、いかがわしい美術商を演じた男の回想録である。

暗黒街とコネクションを持ち、盗まれた絵画を仲介して金にしようとたくらむ２人のフランス人相手に、アメリカの美術館から盗まれたフェルメールとレンブラントをなんとか回収しようと、ダリ、クリムト、オキーフなど６点の贋作絵画を麻薬ディーラーに売る現場を見せる大芝居を打つ。交渉はマイアミの船上。２人のフランス人以外、船上の人物（子分もビキニの美女も船長も給仕も）全員が、実はＦＢＩの潜入工作員だ。

目的は逮捕ではない。本命作品を如何に回収するかが本書のメーンテーマだけれど、そう簡単に解決しちゃ面白くない（失礼）。取引や会議の舞台はマイアミ、パリ、マドリード、マルセイユ、バルセロナ……と転々とする。大西洋をはさんで「官僚主義と縄張り争い」が熱を帯びる。美術品が回収された暁には英雄気取りで新聞の報道写真に載りたいために、警察のお偉方が画策などする人間丸出しがまた面白い。

FBIは言ってみれば明智小五郎だ。怪人二十面相も白昼堂々と美術品を盗むが、本書の怪人は二十面相のように美術を愛してはいない。単に金銭が目的だ。まさかオークションに掛けるわけにもいかない。ヤミで売ると市場価格の10％で取引される。逮捕されたって、ただの窃盗罪で刑期は3年くらいである。本文で、窃盗犯が語る盗みの手口を公開する場面があるが、まるで映画を見ているようで、その計画と行動の緻密さと格好よさに自分がどちらの味方かわからなくなりそう。

寝ても覚めても夢

ミュリエル・スパーク、木村政則訳（河出書房新社）2015.03.15

有名映画監督を主人公にした映画制作の現場に巻き起こるスラップスティックな事件の数々は監督を核に網の目のように、連鎖的に周囲の人間を巻き込みながらあらぬ方向に「物語」を展開させ、撮影中にクレーンから墜落して瀕死の重傷を負った監督が病院で打たれた麻酔剤からまだ覚めず、夢と現実の狭間が永遠のように続く境域で妄想の虜《とりこ》となって読者をシュルレアリスム的世界にナビゲートするその手法はまさに映画的だが、とっちらかった断片を引きずりながら映画のような虚構的現実をかいま見させてくれるその常套手段には騙されませんよと著者スパークさんに伝えたいと思いながら、でもこの先はどうなるの？　と気になって本書の訳者あとがきを盗み読みしたら、なんと見事な内容紹介と、これぞ書評のお手本というような文に触れた私は書評をする自信を失い、わが無力さに愕然としながらも、この物語の登場人物を俯瞰してみると、なんとなんとひとりの人間に宿る多面性の縮図であることに気づき、登場人物全員が「私」なんではと思い当たったとたん、人の中に棲みつく魑魅魍魎が跳梁し、まるで悪霊に踊らされている、そんな人間図鑑の中にひとり監督は冷静な視点を、かと思うと妄想家にも早変わりする、悪魔と芸術神の手の中で、ハチャメチャな場面をスパークさせるスパークの映画的手法に喝采、でもあなたは英国きっての名監督、有名女優と寝ることしか頭にないとは情けない、だからロクでなしの我が娘《こ》に振り回され、おかげでこの小説は面白くなるのだが、一方、聖女のような監督夫人に身辺をまかせ切り、自由な芸術家気取りのつもりが、実は監督さん、あなた以上にあなたの夫人はあなたに知られず、実は不透明な悪徳人間かもしれませんぞ。

「寝ても覚めても夢」。だからこそ人間は生きていけるんですよネ。

鳥たち

よしもとばなな（集英社）2015.01.18

この物語は惑星の内部が空洞になっている世界でのできごとのように僕は空想する。空洞の内部の壁には駅前も並木道も、2人の思い出のシャスタやサンフランシスコ、セドナの地もしっかりへばりついている。そんな世界の一角に2人の恋人「まこ」と「嵯峨」が磁石のように魂を引き合いながら生きている。

2人は子供時代に複雑な環境のもと無二一体の関係を運命的に強いられる。ある時期、2人は2人の母親とアリゾナのセドナに住んでいたが、互いの母親が1人の神秘主義者に惹かれ、嵯峨の母は男の病死と共に自らも命を絶つ。さらに取り残されたまこの母も後追い自殺。もともと父親不在の幼い2人は長い年月の末、今ではパン職人と演劇女子大生だが、まこは一種の理想主義者で70年代前後のカリフォルニアのニューエイジと通底しており、スピリチュアルな、ある種、意識の弱さのような部分に自らの重い過去を背負わせている。

嵯峨を愛し続けるまこが欲しいのは嵯峨の赤ちゃんだが、なかなか授からない。そんな2人はいつも鳥を追っている。2人にとって鳥は幸せの象徴であり祈りの対象？

読者の僕は2人の成り行きにかったるくなる。が、そんな時、まこが学ぶ教授が出てきて「特定の時代の影響を受けすぎてる、現代に生きろ」とやんわり諭す。そう、過去の物語を背負いすぎている。早くいまと解け合ってもらいたいと思わず願いたくなる。

まこが彼女の子宮内空洞に嵯峨の子供を孕《はら》んだ時、シャスタ山のように空洞の内外の世界が幻ではなく現実でひとつになるだろう。その時、僕もこの物語の鳥たちの一羽になって、2人の世界を俯瞰してみたい。まこの憧れる神聖なシャスタ山は空洞内と外部の世界の通路である。いつかシャスタで出会った老人の霊が2人を、過去といまの物語をひとつに結びつけてくれるに違いない。

運命のボタン

リチャード・マシスン、尾之上浩司編・訳、
伊藤典夫訳（ハヤカワ文庫）2010.05.23

「横尾さんならどう書評するのか、興味がありますね」

「リチャード・マシスンってどんな作家なんですか？」

「まあ、ホラー文学ですね」

本書は、３月まで書評委員として席を並べた作家・瀬名秀明さんの推薦本で、僕はホラー文学なんて一度も読んだことがなかったけれど、これが実に面白い！

テンポの速い会話と、視覚表現はまるで映画だ。特に人間の五感や自然現象への眼差《まなざ》しが鋭く、ぐいぐいと肉体感覚に攻撃を加えてくる。だから冒険小説でもないのに血が湧き肉が躍り出す。さらに体の奥で惰眠をむさぼっていたアンファンテリズム（幼児性）がにわかに目を覚まし、原初的な死の恐怖と快感がギシギシ音を立てながら開扉するその感覚がたまんない。

全13編の物語は、死の13階段を一段ずつ外していく死に神の手になる作品に思えてならない。どの作品も死の予感がたっぷり盛りつけられ、現実は死に包囲されて、身近な愛の対象に次々と死の吐息が吹き込まれる。そうか、ホラーって死の哲学なんだ。

死者との交流を描く〈わらが匂う〉なんて作品は映画「奇蹟の輝き」みたい。〈帰還〉は、タイムマシンで未来に行った夫が生きているはずの妻の死霊と邂逅し、「人間の人格は肉体がなくなっても独自に存在している」と霊魂の存在を肯定する。コレってまるでV・ウォード監督の「奇蹟の輝き」の世界だよと思ってあとがきを読んだら、原作はリチャード・マシスンその人じゃない！　だったら僕は、この小説をとっくの昔に読んでいましたよ。

瀬名さんは「最後の〈二万フィートの悪夢〉は面白いですよ」と念を押した。この作品もなんと、オムニバス映画「トワイライトゾーン」の中の一編で、この映画の中の白眉として僕の記憶にまだ新しい。リチャード・マシスンはすでに僕の中で馴染みの作家だったんだと、改めて認識させられました。

ポーや上田秋成や泉鏡花を偏愛する僕にも、ホラー文学の血脈が流れていたというわけか。

過ぎ行く人たち

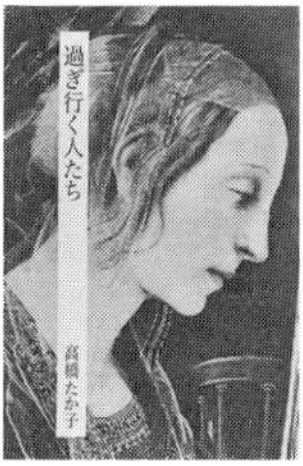

高橋たか子（女子パウロ会）2009.07.26

冒頭、28歳の私（著者ではない）はノルウェーでブノワと名乗る8歳の少年に出会う。10年後、パリの聖ジェルマン通りですれ違った青年と少年が重層する。「私の超感覚のようなものが、そう囁《ささや》く」。その後も、少年の分身のような青年が行く先々で立ちはだかる。

そして物語の最後までこの謎のイメージで引っ張られる。

「私」は、私自身の探偵になったように謎の源流（過去）へ逆流しながら同時に未来にも流れる、そんな不思議な無意識の推移を旅し続ける。「私」はどうやら謎の正体をつきとめたがっているようだ。「私」の謎は私の源泉、本性、無意識、悟りへの旅なのか？　それは唯識の世界に参入する儀式のようにさえ思えてならない。

とにかく「私」は、未知なるものに運命的に近づきたがる。その対象は、すべてフランスとフランス人である。そこへの蘇りは「大過去」（前世？）からの見えない磁力の作用では？　「私」の中を流れる運命の河の岸辺に寄り添うように現れては消える既視感は「私」のもの？　それとも宇宙空間にある人類の全情報の記録とされるアカシックレコードのような、宇宙のマザーコンピューターから発信される、とてつもない昔の昔の大昔の大河から流れてくる見知らぬ誰かの情報なのか？

それをわれわれは単に無意識と片づけているけれど、大乗仏教の深層心理である阿頼耶識ではないのか？　「私」は少年ブノワの幻影に導かれながら一体どこに流れつこうとしているのか？　いや、流れつく場所などあるのか、ないのか？

僕はこの流浪する「私」の魂に導かれながら、過去という未来のネバーエンディングドリームの世界に迷い込んだかもしれない。それが心地よいのはなぜなのか？　「私」の視点はここではない「川むこう」のどこか？　誰かの夢の浄化された宇宙へ、聖域へと移動して行く。

少年ブノワとは一体、何者なのか？　「私」との関係は？　ブノワとはもしかしたら、既視感としての「私」ではなかったのだろうか？

絵画の見方

世界で一番美しい名画の解剖図鑑

カレン・ホサック・ジャネスほか編著、
菊田樹子・保田潤子訳（エクスナレッジ）2013.04.21

展覧会場で絵を前にした時何を見ますか。色、線、形ですか。それとも構成？　また物語ですか。いや作者の人生？　やっぱり図像学的知識への関心？　私たちは、このような様々な要因を総動員して何とか「わかろう」と、絵に食らいつこうとする。結果は言語と感性がせめぎ合うだけで、答えが出ないまま次の絵に移る。

絵を前にするとテストか禅の公案を与えられた気分になるのは、全て頭の作用の結果だ。絵を言語で読み解こうとするから「わかる」「わからない」という迷妄の世界に墜《お》ちてしまう。

「わかろう」とする以前にどうして「見る」ことに徹しないのか。絵の前で近づいたり離れたりする行為は、まるでアイフォーンで絵をクローズアップして見ることに似ている。本書はそんな鑑賞者の行為をなぞるように、一枚の絵を断片にばらしてクローズアップで紹介する。拡大された部分に私たちは何を見るのか。そこにあるのは物質としての絵の具のかたまりや筆跡でしかない。これはもはや絵ではない。絵かもしれないが抽象形態としての色の痕跡のようなものだ。そう考えると、どんな写実的な絵も抽象の累積にすぎない。つまり私たちが見ているのは図像としてのイメージではなく、単に絵の具であることに気づく。

本書は千年前の中国絵画や中世のジョットから現代のキーファーまで、絵画の部分トリミングによって視線をミクロ的部分に釘付けさせる。そこには芸術的美術的感動も精神性も物語性も何もない。

例えばジャスパー・ジョーンズの星条旗の絵を見る時、私たちは眼を皿にしてその部分を見る。その時、星条旗は眼に入らない。眼に映るのは表面のマチエールである。本書のモネ「睡蓮の池」やレンブラント「自画像」も同じ。本書は「絵でない部分」をじっくり見ることでちゃんと絵画の見方を示唆してくれている。

北斎原寸美術館　100%Hokusai!

小林忠監修（小学館）2017.02.05

この画集をジイッと見つめていると、見えないはずのものが見えてくる。部分拡大によって死角の視覚化に驚異のVisionを発見してしまうからだ。この発見は私の発見か、それとも北斎の発見なのか？

さあ、北斎の驚異の旅に出かけよう。どの風景画でもいい。手前からなめるように見てもらいたい。その時、あなたは画面の外に位置するはずの高台の展望台から、俯瞰で目前の風景を眺めていることに気づくはずだ。あるいは江戸時代であれば、大凧《おおだこ》に乗って空中から眼下を望むことになるのかもしれない。その視線は近景↓中景↓遠景へと、クレーン車に搭乗している映画のカメラマンの視点と同化しながら、手前から奥の空間へ、まるでアストラル体（霊体）になったかのように徐々に上昇しながら、実にスリリングで不思議な肉体感覚の快感に陶酔することになるだろう。

北斎の風景は画面内でピタリと静止しているはずだが、中空に浮上するあなたの肉体と共に、俄《にわか》に空間をえぐるようにズズズと、例えようのない身体感覚に襲われながら空中浮遊を体験することになる。そして、かつて経験したことのない作品鑑賞術に酔うに違いない。

北斎の風景画では、視線と身体的移動運動によって初めて、北斎を再発見するのだ。俯瞰的視点に立って風景を空中から眺めることを、絵画に於いて北斎が初めて発明した。それだけではない。時間も操作し、望む場所への瞬間移動をも可能にした。さらに、一枚の絵の中に複数の絵がJuxtaposition（並置）されていることに気づかされる。絵巻物の横に流れる時間とは別に、北斎の時間は縦に伸びるように上昇する近代西洋絵画の時間軸をも先取りする。と同時に、様式の多様化、主題の複数が同一画面の中で見事に調和する。

それは北斎の絵が、確信犯的に計算された他の画家（特に現代画家）の他者または社会を意識した創造行為とは意を異にした行為から発しているからである。その行為とは、他者に見せるためではなく、自らの愉しみと歓びのため、それ自体を目的にすることである。そこが北斎の国際性である。そして遊びの精神。画面の中に配置された●と■と▲。笠の●、格子の■、富士の▲。セザンヌを彷彿とさせる幾何学造形とダイナミックな滝の直線と曲線の抽象形態。無人の絵でさえ、神というより人間の存在を感じさせる。

北斎は宇宙の深淵への接触を目前にして命が尽きたが、未完の大悟こそが死を普遍化し、いまだに死からのメッセージが今日まで届け続けられていることを感謝したい。

江戸絵画の非常識
近世絵画の定説をくつがえす

安村敏信（敬文舎）2013.05.12

一例をあげる。「風神雷神図屛風」（建仁寺）の作者といえば、誰もが疑うこともなく俵屋宗達に決まっていると言う。これは常識である。本書は、こんな常識に対して異議申し立てをする非常識な研究者がいてもちっとも不思議ではないだろうという論者たちの意見を、美術史家の著者が交通整理しながら、その理非を裁量していく手腕が実に鮮やかでスリリングである。

例えば「風神雷神図屛風」は宗達の晩年の作であるというのが定説であるが、この作品には署名も落款もない。証拠がなければ常識の基盤が揺らぐ。本書の目的は常識の仮面を剥がすことで非常識を歴史の文脈に、新たな顔として位置づけられないかという挑戦である。

一方〈それがどうした〉、真筆であろうがなかろうが、〈いいものはいい〉ではダメなのかという疑問が起こるかもしれないが、美術史はそう甘くあっちゃいけない。真偽の判定には直感型と状況証拠型があるが、最後はデュシャンの言うように、鑑賞者にゆだねることになる場合もあろうか。

さて、建仁寺の「風神雷神図屛風」をフェノロサが「伝宗達筆」として報告するまでは、「風神雷神図屛風」といえば尾形光琳、というのが常識だった。光琳が宗達の「真髄に接する手段としての模写」をしたという研究家に対して、光琳はそのような近代の芸術家肌ではなく、むしろ金銭目的の職人であったと著者。このように回転式ドアのように常識がくるっと非常識に一変する時、歴史が眼を覚ます。

著者は江戸の常識13の事柄を挙げながら、多岐にわたる考証を展開し、検討を重ね、次々と常識の本当を採掘しながらくつがえしていくが、同時に自ら学芸員としても制度化された美術館の常識に疑問を呈し、「美術史学の常識を問い直す」ことを訴える。そして実はこのことが「本書の執筆の主目的であった」と言っている。

「朦朧」の時代
大観、春草らと近代日本画の成立
佐藤志乃（人文書院）2013.06.23

誰が言い出したか「朦朧体」。日本美術院・岡倉天心の肝煎りではじめた横山大観、菱田春草らの日本画の新様式。形態（事物）のエッジを曖昧に暈《ぼか》すことで空気や光の表現を試みるが、その評価は最低最悪。怪奇的で今にも化け物が出そう。〝濁っている〟〝汚い〟〝不明瞭〟、そんな批判が「朦朧体」という言葉を生んだ。

では、ターナーの傑作は全部朦朧体じゃないですか。批判は〝汚い〟だけでなく日本画の西洋化が自国の美術の喪失になると言う。そんな伝統主義者の批判に屈しない春草は「考えを画《か》く」と主張することで正統派西洋の写実至上主義と真っ向から対立。

絵画の革新的な動きは文学界、思想界とも同調。朦朧体批判は「神秘趣味」「夢幻派」の泉鏡花、夏目漱石をも巻き込むが、このことは日本文学の「長所」でもある。こうした傾向は「文明開化以後の西洋合理主義への反発、反省」となる一方、「朦朧」礼賛にもつながる。

鏡花の怪異譚の数々、漱石の『吾輩は猫である』の文中「霊の交換をやって朦朧体で……」云々とか、『草枕』では「朦朧たる影法師」など「朦朧」の言葉が目立つ。このように「朦朧」は明治30年代以後の日本文学・美術と切り離せない。美術での「朦朧体」は神話や仏教を主題にするが、批判は相変わらず、稚拙で奇異と片付けられる。が、時代や社会の変化の波に「朦朧」批判もやがて失速。それにともないナショナリスト大観は「魂の抜けた」西洋美術の価値は「零」と切り捨て、「朦朧」は次第に生気を取り戻す。

以後「朦朧体」は西洋との対立の中でギクシャクしながら皮肉にも西洋絵画と融合して今日に至り、現代美術の中にわれわれは「朦朧」の亡霊をしばしば垣間見ることができる。このモーローとしたテーマを多角的に研鑽した著者の粘着力と力量に感服！

欲望の美術史

宮下規久朗（光文社新書）2013.07.14

画家が主題の選択に迷い、その拠《よ》りどころを一体どこに求めるべきかと心を煩悶させる経験は誰にもある。そんな時、本書があれば難なく画家は寸善尺魔の地獄から這《は》い上がれたのに。そーなんだ、「あらゆる人間の営みは欲望によって成り立っている」、そんな自明の理がわかれば、自らの欲望を描くことで簡単に問題解決じゃないか。

画家の欲望がそのまま主題になることに、この時初めて画家は気づかされるのである。著者は美術史の深い森に分け入り、多様な主題と様式の中から美の欲望を二十八のお話にシステム化し、読者を欲望の小径に案内しながら、まるで寓話でも聞かされているような気分にさせ、気がついたら『欲望の美術史』が私たちの中に位置づけられているのだった。

さて、全二十八話の中で私が特に関心を抱いたのは、「『私』に向き合う」と題する自画像の項だった。私も時に自画像を描いてきたけれど、自画像ほど自己の欲望と真正面から向き合う対象はほかにないのである。この不可知な謎の対象は、内なる他者であると同時に逃れることのできない自己でもある。人間の五欲を仏教は戒めるが、美の追求は五欲の吐露によって解脱に至るか？　果たして……。

触ることはできるが自らが見ることのできない自己を如何に表現するか。フィレンツェのウフィツィ美術館に自画像が所蔵されることになった際、私は触覚と視覚を両立させた彩色デスマスク（ライブマスク?）を画面に張りつけ、自画像に対する解答とした。

次の興味は、第二十八話の「よき死への願い」だった。私にとって死への欲望は生への欲望を手放すことである。天国も来世も求めない欲望。本書は生への欲望「食欲」から始まって生の欲望を手放す「死への願い」で終わる。本書は全体が欲望の連歌になっているように思えた。

偽装された自画像
画家はこうして嘘をつく

冨田章（祥伝社）2015.01.25

なぜ画家は自画像を描きたがるのだろう。という僕も例外ではない。自画像を描くことは自らを「偽装する」ことで「画家はこうして嘘をつく」と本書は断言する。ちょ、ちょっと待って下さい。絵画は画家の本性を映す鏡として、画家が如何に偽ろうと裏切ろうとしても、絵画はそれ自体、画家の魂に忠実であろうとするために、そう簡単に偽装することは不可能なのである。この事実を前提として本書に耳を傾けよう。

さて、筆者が語ろうとする画家の嘘とは、かなり確信犯的な画家の行為を指しており、自画像に秘められた意図的な「偽装」を見事に手際よくあぶり出し、直感的想像力によって自画像に潜む謎を解き明かそうと試みる。もともと画家には謎の隠蔽と同時に暴露されることの期待も想定内にある。そんな画家の相反する両面を解明することで、作品と鑑賞者の間に橋を架けようとするのが本書の趣旨。

本書で最も興味を惹くのは自らを死者として描き、そして埋葬することで再生を希求する自虐的行為とも自己愛ともとれる画家の眼差しであるが、まずミケランジェロの、己の肉体をペラペラの皮一枚の物体として嘲笑的に描いたシスティナ礼拝堂の「最後の審判」を取りあげる。

次はカラヴァッジョの「ゴリアテの首を持つダヴィデ」で、斬り落とされた首を画家は自己証明として描く。さらにアンソールは自分の顔に骸骨を埋め込むことで死を偽装し、スピリアルトは青白いそげた頬に眼が洞窟のようにポッカリ空いた亡霊の姿として出現する。フリーダ・カーロは裸身に無数の釘を打ち込み、殉教者に変身した。

さて、では生を謳歌するピカソは？「青の時代」の若い自画像はなぜか老成しているが、最晩年の自画像はなんと幼児にフェイクする。ピカソの到達した芸術観が、そのまま証明されたようなもんだ。

日本・美・感性

日本人にとって美しさとは何か

高階秀爾（筑摩書房）2015.11.01

冒頭いきなり、日本人と西洋人の美意識の差異が「言葉とイメージ」という主題で、日本は自然に、西洋は反自然に従うという、二つの感性の比較から語られる。

西洋では言葉とイメージを分離して考えたが、日本ではすでに古今和歌集の時代から両者は合体しており、「扇面《せんめん》法《ほ》華《け》経《きょう》冊《さっ》子《し》」、「金《きん》字《じ》宝《ほう》塔《とう》曼《まん》荼《だ》羅《ら》」、そして宗達vs.光悦へと時代を下りながら言葉＋イメージを絵画的効果として発展させ、「書画」という馴染みのある言葉が生まれた。西洋に先駆けること千年。西洋がこのことに気づいたのは19世紀末である。

また、日本人がそれと気づかないうちに、かつて西洋にジャポニズム旋風を巻き起こした。今日の現代美術が頻繁に作品中に導入する言葉は、元をただせば日本の伝統的美意識を源泉としていることに気づく。マグリットやミロ、ポップアートが多用するイメージと言葉のルーツこそ日本の遺伝子では？

さらに日本のマンガが到達したあの「シ———ン」という静寂を表す感性の表現の前では、さすがの西洋も沈黙を守ったままだ。歌舞伎の雪の降る音や、幕の背後に川の存在を暗示させる太鼓の音は、彼らにとっては物質世界を超えた四次元表現にしか映らないいんじゃないだろうか。

著者は、日本人さえ気づかない非西洋的独自性を、帽子の中からハトを出すように次々と取りだし、驚かせてくれる。「複眼の視点による日本文化論」と著者は本書を規定するが、この「複眼の視点」こそが日本人の感性ではあるまいか。

ぼくは東西の自然観の相違に最も興味を抱いた。西洋の、見えるものへの物質的信仰に対して、日本の、物質の背後に見えざる精霊「アニミズム」を認め、人間と自然を同一に考える日本人の宇宙観に日本の独自性が宿っていることを、本書から示唆されたような気がする。

リアル（写実）のゆくえ

高橋由一、岸田劉生、そして現代につなぐもの

土方明司、江尻潔企画・監修（生活の友社）2017.05.28

日本画に対して洋画という西洋風の手法による絵画ジャンルがある。本書には洋画の写実表現によるリアリズムの系譜の画家、「物狂い」と呼ばれた高橋由一を始め、岸田劉生から現代に至る52人の写実画家をとりあげている。が、西洋のリアリズムの影響を受けながらもどことなく据わりの悪い気味悪さが目立つ。

その主な理由は、主題が日本の風景や調度品や人物を対象にしているせいかも知れない。画家の川村清雄は、もし西洋の風俗や景色を主題にするなら「本家とも間違へらる〻位に描ける」と単に技術的に劣っていないことを主張する。

〈そうかもしれない〉と僕も思うが、川村が豪語する一方、岸田劉生は日本人の西洋画の神秘の謎は「唯心的領域」にあると言う。画家の内面の追求が問題で、もし「唯心的な域を殺す事になる」ならば、外面の「写実的な追求は犠牲に」してもいいとまで言い放つ。

日本の洋画の写実のヤニっぽさ、ねちっこさが発散する気味悪さは、どうやらこの辺に起因し、日本人の唯心的表現の不気味な写実主義は、どうも画面を埋めつくす過剰な描き方にあるように思えてならない。

僕も日本人画家のひとりである以上、唯心的遺伝子が内在していないとも限らない。日本人の心的意識が無意識裏に日本人の肉体に移植されてしまったのだろうか。同じ写実表現でも、ダリやマグリット、アメリカのスーパーリアリズムはある種の粗雑さと軽さがある。日本の写実絵画は現代の作品でさえも、どこか土着的で情念的で重い。そして細部に至る異様な執拗さによって息苦しいまでだ。

それは日本人の幼少期の、風土から生まれた生活様式から来るような気がする。作品の美術的な様式以前に生活様式が創造の根底と深く結びつき、ソフィスティケートされないまま物狂い的なままの表現を日本的特性としてきたからではないだろうか。

新「ニッポン社会」入門
英国人、日本で再び発見する

コリン・ジョイス、森田浩之訳（三賢社）2016.04.10

Ｙｏｕは何しに日本へ？　おかしな本だ。日本に長く住んで、帰国後もちょくちょく来日している英オックスフォード大学で古代史と近代史を専攻したイギリスのジャーナリストが、日本人の日常会話のような親しみのある文体で語る日本論である。

書名から一見すると外国人のための日本社会入門書と勘違いするが、実は日本人のための「ニッポン社会」入門書だ。日本の不可解（彼にとって）な魅力に狂的なまでにとりつかれた著者が、次第に昔の日本人になりすましていくプロセスがおかしくてたまらない。

重箱の隅を突っつくような日本の歴史や文化の知識と、知っても大して役に立ちそうにない言葉を、ペロッと座布団を裏返しにする日本の古い風習のごとくマジカルに見せて悦に入る。日本通を気取って仲間のイギリス人に自慢する。それが物知り博士を演じる「変な外人

Ｙｏｕ」と映る。

今では見向きもされない過去の日本語や生活習慣をドラキュラが血を吸い取るように彼の体内で栄養化するとき、日本人の私は知的貧血を起こしそう。

何でも見てやろう、知ってやろうという彼の貪欲な知識欲には鳥肌が立つ。なんでそんなに知識が生活必需品なの？　笑ってばかりおれない。知識と情報に貪欲なのは日本人も同病。何か「寒いもの」（彼はこーいう表現をきっと喜ぶに違いない）を感じてしまう。

彼の日本に対する好奇心はちょっと異常であるが、昔のイギリス人の植民地支配欲を無批判に笑っているだけじゃ無知な日本人はアホではないかと、思わず自己反省をさせられる。

本書を読みながら気づくことは、彼を通して実はわれわれはイギリス人のものの考え方とイギリス社会を学ばされていることだ。

というふうに、本書は結局、今日のニッポン社会論というより、むしろ遠くなりにけりの「旧ニッポン社会」の美徳の再学習と読んだ方が賢明ではないのか。

現代美術とは？

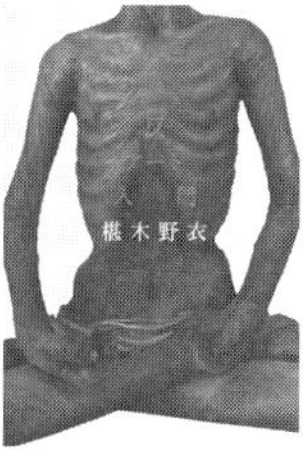

反アート入門

椹木野衣（幻冬舎）2010.08.01

その昔、60年代に反芸術というアバンギャルドに接した者にとっては今日の「反アート」とどう違うんだと比較する時、芸術の本質はいつの時代にも現在の否定の上に立って明日をどう切り開いていくのかという永遠の課題に今のアート界が特別のものではないように思えるのだが、アート？　ＡＲＴ？　美術？　芸術？　著者のいう「神が死んだ」後の芸術は確かに反芸術の時代のように芸術至上主義ではなく、近代芸術以前の神が生きていた時代とは世界が一変してしまったために「私」の普遍性なんて考える者は「誰もいません」というわけだ。

ジャスパーやラウシェンバーグらの自己表現は今や古いのでしょうか？　そこで自分が自分であろうとするなら外的現象に振り回されないで「反アート」に反旗を振りかざし、非先端的であろうとなかろうと自己の純粋絵画をつらぬくしかないのか。

本書は多くの示唆に富んでおり、従来の難解な美術論の亡霊は姿を消し、素人でも明日からアート通になれます。われわれ実作者には挑戦に聞こえます。アンディ・ウォーホル的哲学に開示されたかつての理想郷も今や安住の地ではなく、中国の新世代のアーティストの「メチャクチャやってよい」という反歴史的、反制度的な暴走に刺激を受けた日本の新世代のアーティストの台頭も見え隠れする折、アートと経済を結合させたスーパーアートも世界を駆け巡るそんな百花繚乱の中を、誰ひとりわからないアートの未来に闇雲に突進するしかないのか。

本書で語る著者の思考の足跡をひとつひとつ追いかけるには紙数に限界がある。本書の「最後の門」の章で著者は山を想い死の予感に導かれながら「芸術には『芸術の分際』があり、それを作り出した人間を超えることはない」と芸術を無際限に拡大評価するのは問題だ、とピシャリと押さえるべき所は押さえ、最後に「芸術は元来その人の生き死にと表裏だ」と結びながら、ヒョイと岡本太郎を登場させて、ニコリともしないでこの長時間に及ぶ「反アート」を締めくくる。

駆けぬける現代美術　1990－2010

田中三蔵（岩波書店）2011.02.13

現代美術とは？　と問われて何と答えよう。現代の時代の美術を指すといっても多様化した時代の多様化した表現は一方向を向いていない。そんなえたいの知れない現代美術を相手に美術記者としての健脚が、20年間の現代美術の森の中を文字通り駆けぬけて足で書いた評論である。

大半の文章はon timeで本紙の文化面で触れたものだが、こうして的確に交通整理されて一望すると、日本の現代美術の歴史が鮮やかに炙《あぶ》り出される。そして見えなかったものが見える形になってくるのだった。

遠くなった前衛の時代に私の創造も start line に立ったが、この本と並走して行くとこのまま私の歩んだ道程の風景が鮮やかに後を追ってくる。この間、著者は「近代の見直しと再評価」の時期を経て、加速的に今日の現代美術の濁流の只中に身を投げながら、時にはわれわれ実作家の水先案内の役割をも果たしてくれていたことを実感する。

現代美術の歴史の河は土石流と化し、その混迷の近代的時間の中でわれわれは過去にも未来にもその拠《よりどころ》を求めながら反復運動を繰り返し、はてさてどこに行こうとしているのだろうか。その時旗印になるのは、このような著者の歴史的視点から回顧する態度と意識である。そのためには「駆けぬける現代美術」への stance（観点）が求められるのは当然ではないだろうか。

内面に下降していくだけの従来の技術至上主義的な美術と一線を引く現代美術は社会や大衆をのみ込みながら、さらに鑑賞者の欲望と意識を想定した参加型の美術へと変貌する中で、著者はこの時代を共有する「私たち」が作家に無言のうちに作品を依頼して「共同制作」をしているのではないかと時代の深層意識に焦点を当てながら「美術の歴史は作家だけではなく享受者がともに作る」というthesis（主題）の確信を得、その享受者の側からの転換を試みたいと主張。最後に著者は「美術は進歩しないが拡大する」と結ぶ。まるで人類の歴史のことをいわれているみたいだ。

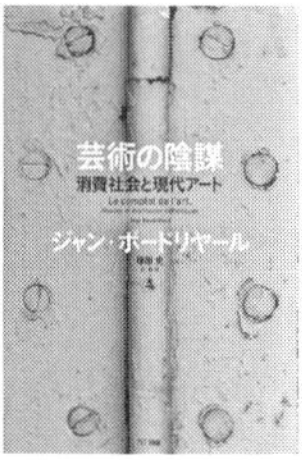

芸術の陰謀

消費社会と現代アート

ジャン・ボードリヤール、塚原史訳（ＮＴＴ出版）2011.11.27

「消費社会と現代アート」という副題は１９６０年代のポップアートを語る上で最も的確なフレーズである。そんな大量生産時代の産物を主題にした極めつきのアーティストが、アンディ・ウォーホルだ。

ボードリヤールは彼を論点の対象に挙げることで、現代アートが如何に「無価値・無内容」

であるかということを挑発的に掻き乱しにかかるが、ウォーホルの出現と彼の死を同時代的に体感した実作家である者にとっては、ボードリヤールの言う「芸術の陰謀」がすでに多くの識者の言説とさほど差異のないことに感じる。かえってアメリカの芸術家のアートビジネスに対するフランス人特有のコンプレックスを感じるが、それとて日本人も例外ではない。

確かにウォーホルはアートを商品の玩具のように扱って従来の美的側面を無意味なものにし、個人の消滅を図り、誰もが機械仕掛けの人間になればいいと言い放つ。とはいうものの、その言葉の奥には何もなかったりするのだ。大衆を挑発し、攪乱《かくらん》させることで彼は表現の領域の外側に出て、戦略的に大衆社会のスーパースターとして君臨した。

著者はあくまでも人類学的な視点からウォーホルを観察し、「無価値・無内容」という疑惑に疑問を呈しながら、誰もが芸術の陰謀に加担しているという。それがどうしたと言いたい。「ウォーホルとともに、芸術の危機が実質的に終わりを告げた」とボードリヤールは宣言し、その先には美的な幻想がはたして存在するのだろうかと、何も示唆しないで結ぶ。芸術が社会や世界と対峙するだけなら、それもあり得るかもしれないが、新しいものの価値の探究という近代的手段を超えた創造の地平に立つ時、実作者にとって幕は降ろされるべきではない。終わりは「始まり」の始まりだ。作品が「凡庸」であろうがなかろうが、未来は芸術家にとっては無制限の聖域である。

アートを生きる

南條史生（角川書店）2012.06.03

「アートは大事だ、心の糧だ」と言い続けてきたキュレーターが、現代美術に対する34年間の愛の実践的足跡を回想した半生の記録である。面白いアートがあると聞けば即、機内の人となって世界中どこへでも飛んでいくその好奇心と直感的行動力は、エネルギッシュと言うしかない。

著者が国際交流基金に入った頃は日本の現代美術は、まだ極東の辺境に甘んじていた。そんな時期の1977年に、著者はドイツで見たヨーゼフ・ボイスに「圧倒的な衝撃」を受け、彼を日本に招聘《しょうへい》しようとして行き違ってしまう。

ボイスと決別した著者は元来、「遺跡」を原点としており、「アートの明日のピラミッド」を発掘する旅に立つ。海外で国際展を組織しながら日本のアーティストを世界に送り出し、一方、国内では基金を辞め、ＩＣＡナゴヤを舞台にヨーロッパの巨匠たちを紹介して日本のアートシーンに刺激と体力を与えつつアメリカにも視座を移していく。

90年になって著者はアートの座標軸をパブリックアートへと移行しながら都市と建築とアートの対話を演出。そして「空間に対する美的・造形的回答」を探り始める。

さらにヴェネツィア・ビエンナーレのキュレーションやコミッショナーを経て、同ビエンナーレの国際審査員となったMr.NANJOの環境はあわただしく巡り、現在は森美術館の館長として、彼の未来予測を現実化させている。世界の眼が日本から韓国、中国へとシフトする中、彼はインド、インドネシア、中東、ブラジルへと「先手を打ち」ながら目下中東展を準備中だ。

マルセル・デュシャンとアメリカ

戦後アメリカ美術の進展とデュシャン受容の変遷

平芳幸浩（ナカニシヤ出版）2016.09.25

絵による書評

画家について

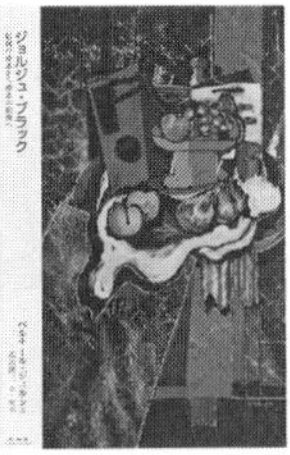

ジョルジュ・ブラック

絵画の探求から探求の絵画へ

ベルナール・ジュルシェ、北山研二訳（未知谷）2009.08.23

フォービスムから出発して、セザンヌの影響を経てピカソとキュビスムに交差、マチスをかすめてゴッホに至る、みたいな美術史的図式でブラックをとらえて何が悪かろう。換骨奪胎しない芸術家は真の芸術家ではない、と言ったのはダリだっけ。

だからブラックが時空を超えて誰と交差しようと驚かない。キュビスムの発明はピカソではなく、ブラックだ。にもかかわらず、ピカソはまるで特許者扱いされている。それはピカソが飛び抜けた「何者か」であるからで、「表現」よりも他の要素、「人生」が目立つからだ。

ピカソの顔は見えるが、ブラックは見えにくい。そこにある。

本書ではブラックの作品を掲載図版に即して論じているが、図版サイズが名刺の半分以下、しかも黒一色なので参照にならない（残念！）。というのも、ブラックを認識するには造形よりも色彩だからだ（形は他から借りている場合が多い）。

ブラックの色彩は軍隊の迷彩色そっくりだ。木の葉っぱの上にコーヒーを垂らしたような反伝統的な色彩に特徴がある。迷彩色（視覚）、コーヒー（味覚・臭覚）、砂やパピエコレ（触覚）、楽器趣味（聴覚）など、とても肉体感覚的なのだ。

とくに、晩年の作品はタッチ（メチエ）が中心の具象（風景）画に変わる。つまり従来の他者依存からの脱出を図り、誰にも似ていない真のブラックを獲得する。しかも固定した様式から解放され、自由を手に入れる（この点ではピカソとキリコは早期に気づいていた）。そしてピカソやキリコのように、手法としての「表現」に固執しない境地に到達したのだ。

一般的に、評論家は芸術家の「人生」よりも「表現」を重視する傾向がある。だが「表現」に拘《こだわ》っていると、いつか袋小路に陥る。キリコが形而上絵画を捨てたのも「表現」からの脱却だった。よくブラックが最後に初期に回帰したと言われるが、回帰ではなく輪廻したのだ。

いや輪廻のサイクルから脱輪したと言うべきか。でなきゃ、ブラックは晩年の自由な境地に転生できなかっただろう。

フリードリヒへの旅

小笠原洋子（角川学芸出版）2009.11.15

フリードリヒはドイツ・ロマン派の画家である。10年ほど前に、著者は彼の「樫《かし》の森の修道院」という作品の存在を初めて知った。この絵に衝撃を受けた著者は、何かに取り憑かれたようにドイツに向かった。旅は10年に及び、その間、フリードリヒと共に生きることになる。「肉体の目を閉じて、心の目で見よ」という画家の言葉に突き動かされた著者は、画家の心の扉をこじ開けるべく、長期にわたって絵との対話を重ねる。

その旅の記録を、文学的で身体的な美しい言葉で綴ったのがこの本だ。画家の魂との一体化を図ろうとした著者は、フリードリヒの主題である風景の中に立つ。その光景は、シュタイナーが描写した厳寒の夕闇の凍結した湖水の超越的な美と同化する女性の姿を彷彿とさせる。

そしてその瞬間、著者は「会うことのできないこの画家」に会ったに違いないと実感した僕は、フリードリヒの画業も学術的な知識も、どうでもいいような気になったのである。

といって、著者は画家の伝記的側面を無視しているわけではない。また、単なる旅のエッセーでもなく、美術評論としての価値を損なうものでもない。その抑制された文体には画家と著者との親和的な魂の結びつきを見ることができる。その意味では一般的な美術評論の枠をはみ出していると言えよう。

フリードリヒは長い間、歴史の墓場の中で眠っていた。もし著者のような論者がその時代にいたとすれば、もう少し早く蘇生していたかもしれない。そんな自らの運命を知ってか知らずか、フリードリヒは生涯を通して墓場を主題にした作品を何点も描いている。まるで「私はここだ」と言わんばかりに。

ロマン主義というのは、自らの内部の不透明な部分に光を当てて、それを吐き出す流儀だと思う。フリードリヒには幼年時代の贖罪を背負い続ける悲劇的な暗い影がつきまとう。

それは著者の少女時代の「うずくまるように」過ごした過去の影と重ねられなくもない。僕はこの本を著者の「ロマン派的巡礼の書」と呼んでみたい。

完本 ジャコメッティ手帖 1

矢内原伊作、武田昭彦ほか編（みすず書房）2010.05.09

マルデTwitterノヨウナメモ的ナ日記ヲ片仮名ト仏語デ語ル哲学者矢内原（以下Y）ハAlberto Giacomettiノモデルヲ5度ノ渡仏ヲ通シテ務メタ。ソノ間ニ交ワシタ二人ノ緊迫シタ芸術論カラ芸術ノゴーレムノヨウナAlbertoノ狂気ノ創造世界ガ浮カビ上ガッテクル。Yヲ「美シイ」ト褒メタ画家ハ、見エルママニYヲ描クガ、ソノ行為ノ中身ハ、絶望、凄惨、鬼気、破滅、苦悶、咆哮ガ渦巻ク。

Picasso ヲ否定シ、大衆看板絵ニリアリティーヲ見、エジプト絵画ヤ Rousseau ヲ愛スル、ソンナ Alberto ニ、我ガ哲学者ハ知的挑戦ヲ果タス。Yガ日本ニハ哲学ガナイト嘆クト、画家ハ、哲学ハ精神ノ貧困ノ証拠ダカラ「ナイコトハイイ」コトダト、軽クカワス。サラニYハ日本人ノ西洋ノ物マネヲ叩クガ、日本ノ哲学ハ元々西洋カラノ輸入デハナカッタノカ。マタ伝統主義者ニモカカワラズYハ日本ノ歌舞伎ヲ異国趣味デ俗悪ト論ジ、「歌舞伎ノ限界ハ日本ソノモノノ限界」ト日本批判ニツナゲル。思ワズアレアレト首ヲカシゲタクナルガ、芸術ノ巨匠ハ「日本ノ芝居ヲヨクナイ、トイウ奴ハ馬鹿ダ」ト、一蹴シタ。

YノH本批判ハ映画ニモ及ビ「羅生門」ハ西洋的ダト言エバ、同席ノ Jean Genet ガ「教養ハ興味ナイ。イイカ悪イカダケダ」ト、我ガ哲学者ノ評価ヲ一顧ダニシナイ。コンナ問答ガ随所ニメモラレテイルガ、哲学者ノ知ニ対シテ芸術家ノ本能ガ、Yノ構築サレタ観念ヲハチャメチャニ揺ルガス。

ソレニシテモ最後マデ残ル疑問ハ、YガモデルヲテXケル必然性ト彼ノ思惑ノ不透明サダ。画家ハYヲ必要トスルガYハ何ヲ？　画家ニ奪ワレル魂ノ陶酔？　ソレトモ評伝執筆？　或ルイハ画家夫人 Annette トノアバンチュールナノカ？　トモアレ、コノ本カラ伝ワッテクル気配ハ、画家ノ魔力ガ哲学者ヲ悲劇的虚無ニ追イ込ムノデハ？　トイウコト。身体ヲ張ッタ哲学者ニシカ書ケナイコレ以上ノGiacometti論ハ、ドコヲ探シテモナイダロウ。乞ウ続編。

ジョルジョ・モランディ
人と芸術

岡田温司（平凡社新書）2011.04.24

美術史に埋没しかかっていたイタリアの一都市「ボローニャの画家」を、20世紀の二大巨匠ピカソとデュシャンの横並びに位置づけて論じようとする著者の3冊目のモランディ論である。僕が初めて見た壜と壺の静物画は高校の美術部員の作品を連想させたり、わが坂本繁二郎をも彷彿させたりしたが、何よりも彼の同一主題と様式の反復に次第に興味を抱き始めたのも、僕がロブグリエの文学やキルケゴールの『反復』から多大な影響を受けていたからだった。

本書にもキルケゴールが引用されている。「反復——こそが現実であり、生存の厳粛な事実なのだ」。この一言はそのままモランディを語り尽くしている。彼の反復は現代美術のコンセプトとは無縁で、彼の描く静物画の器は埋没した地層の中から引き上げられ、キャンバスの中に配置されて反復しているように見えるが、それはただ彼が美術史における静物画のテーマを追い続けている結果でしかない。彼は芸術家というより研究者であり、冒険者であり、毎日がエチュードである。冒険が変化を好むように、彼の反復は固定したものではなく、常に時を刻むように変化している。

著者は多岐にわたってモランディを分析、解析しているが、モランディの主要課題はやはり反復であり、色彩の変化とメチエの快楽に画家の肉体の痕跡を見る思いがする。黄砂で煙ったような灰褐色の不透明な不在感にモランディの無垢な姿が浮かび上がり、そこから彼の求める「平穏と静寂しか自分は望んでいない」という声が聞こえてくる。だが、この言葉の背後に隠蔽されている彼の本性に騙されてはいけない。作品は正直である。一見瞑想的であるが、安穏と激情は表裏一体である。モランディの静謐《せいひつ》な絵の背後には安危の精神が宿っている。

僕は本書の一面しか語れなかったが、読者はじっくり著者の言葉に耳を傾けてもらいたい。

カラヴァッジオからの旅

千葉成夫（五柳書院）2013.01.20

何か鬼気迫るものを感じる美術批評だった。身体にぐいぐい食い込むような魔力を感ぜずにはおれなかった。絵を前にしていないのに、絵の皮膜から発するアウラの洗礼を受けているような身体感覚だ。

現代美術専門の著者が、40年前にローマで初めてカラヴァッジオ絵画に出会うその日から、「カラヴァッジオからの旅」が始まった。ぼくはカラヴァッジオの絵を自作にしばしば引用してきたので、「――からの旅」そのものを自らに当てはめながら著者と随行の旅に赴いた。

本書は「――から」と「――へ」の二重の旅から構成されており、２００３年には10日間の旅でマルタ島、シチリア島、ローマへとカラヴァッジオの足跡を身体化させていく。画家が制作時に頭から言葉を排するように、著者は絵と対峙しながら自らの言葉を黙殺し、肉体感覚を全開することでカラヴァッジオ絵画との一体化を図ろうとする。著者にとって言葉は絵画作品を「感覚の領野」へ変成させるためには足手まといになる。

絵画を物語を表現するものだと考えて言葉を総動員させている以上は、絵は見られていないも同然である。著者が最も大切にしているのは、絵の前で言葉を殺して見ていた時の感覚になることという。この感覚こそ、画家の創造の誕生の一瞬の感覚ではないだろうか。

著者はカラヴァッジオの最高傑作として「ロレートの聖母」を挙げる。この聖母は実に現実的で一女性として描かれている。そこで著者は近代と出会う。つまり劇的なものは何もない。物語性も希薄だ。在るのは、リアルと静けさがかもしだす極上の美しさである。そしてこの絵の最大の魅力は「深淵」であると。

そして、カラヴァッジオの色彩の魅力と、何も描かない「暗転」した背景が、さらに彼の芸術を深淵に導いてくれる。本書から読者は多くの示唆を受けるだろう。

ガガです、ガカの
ロシア未来派の裔ゲオルギイ・コヴェンチューク

片山ふえ（未知谷）2013.12.15

ガガといえば歌手のレディー・ガガが有名だが、本書のガガはロシアの現代画家で、子供のころ本名の発音が難しく、自らをガガと呼んだ。僕は本書で初めて、ガガなる作家の名と作品を知った。ひょんなことで彼を知った著者は彼のことを親しみをこめて「ガガさん」と呼び、サンクトペテルブルクまで訪ね、その波瀾万丈の伝記を執筆した。

「ガガさん」は第2次大戦後、収容所に送られた父のあらぬ汚名で〈人民の敵の子〉の烙印の下、画家活動に入るが、彼の反社会主義リアリズムの絵画はもろ、攻撃の対象になる。だけど生来の強運と楽天性を味方にしてあらゆる苦境を乗り切る。

大戦下、ドイツ軍の侵入を逃れ、7歳のガガと母はレニングラードを去って遠縁の親戚のいるクイブイシェフに向かうが、最低最悪の条件下、母の直感によって奇跡的に守護される。

「ガガさん」も母のＤＮＡを受け継いでいるのか、常に間一髪の苦境を乗り越えて新たなチャンスを引き寄せる資質があるようだ。

そのようなことは芸術家に与えられた宿命的な試練として常に語られてきた。だけどいつも苦境を背負わされているわけではない。本書で唯一、不思議な逸話が語られる箇所がある。それは２０００年、パリにいた時、19世紀の画家ドーミエが夢に現れ、「ガガさん」に『洗濯女』の記念碑を建ててくれ」と頼む。感動した「ガガさん」は、それを達成すべく奔走する。そのプロセスには思わず感嘆させられる。内面の声に忠実に従う彼の正義感のようなものを感じざるを得ない。芸術家が天と通じた瞬間である。

ガガの絵はどのジャンルにも分類し難い。新表現主義、グラフィティ、アールブリュット、ロシア構成主義、ロシア未来派、そのどれでもあり、どれでもない。実に無邪気、無頓着、大雑把、即興、開けっぴろげ、正直、自由、そして全てに詩情が漂っている。

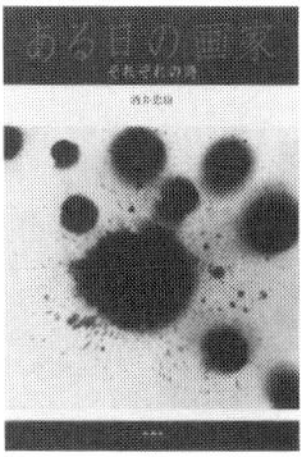

ある日の画家
それぞれの時

酒井忠康（未知谷）2015.04.19

画家に転向した35年前、美術評論家の故・東野芳明氏に「君は今の美術的動向しか知らない」と頭から水を浴びせられたことがあって、あわを食って西洋美術史を繙《ひもと》いたものだ。そして今、日本戦後美術について書かれた本書にも再び首が竦《すく》む思いである（前記東野さんも日本美術にはうとかったけどね）。

まあ、いいや。本書では画家の生活（人生）と作品を分離して作品至上主義的に自律した美術批評を主張する人たちに対して、著者は一貫して、関心を抱く作家の人と作品を分離させず、むしろ両者の一体化を模索することで「極端に走る」のではなく、中庸というか両義性を保とうとする。特に麻生三郎に顕著だが、著者は美術の「外とのかかわり」で画家との交流を深化させる。

それには著者が文学への造詣が深いことも一役買っていて、各所に文学者の言葉が絶妙に引用されるのは愉しい趣向だ。

さらに絵画と文学の間に横たわる物語に著者は注目する。人間の存在のあり方と世界の構造自体が物語を核として形成されていることを考えれば、ロマン派に限らず、人は生死の輪廻の物語から脱却できないのではないだろうか。

著者は物語を求めて旅を続ける。興味を抱く作家がいれば、労苦をいとわずどこへでも旅人になる。僕は特にこの旅人に興味を持つ。そんな旅人を僕は能の旅の僧であるワキの姿と重ねる。

能のワキはシテの前では自己を語ることが少なく、むしろ相手から言葉を引き出す手助け役になる。この場合シテはいうまでもなく、画家その人である。ワキである著者にとって画家は異界の住人だ。ワキはもともと生者であるが、シテは幽冥世界の死者である。現実側の著者が画家に会うことは「一刻」の夢幻体験でもあろうか。

その時シテは絵の中で想いの丈を吐き出しながら舞を舞う。実際に訪問を受けた画家の描く世界は時に「仏教世界」であり、「幻想的世界」であり、「魔術的」であり、「霊性の沼」であり、と、能の主題を髣髴《ほうふつ》とさせる。

さて、現実世界に戻ろう。前記の麻生、宮崎進、そして著者の「食わず嫌いだった」岡本太郎を含め、「批評の垣根」を越えて画家たちの多義的な側面が、著者の洗練されて高密度な軽やかなスベスベした言語空間の中でその寛容さを示す。

最後に現代美術の可能性をパリ、ニューヨークで探り続けた堂本尚郎は「より根源的」に向かいながら絵画の可能性の「選択」をしてきたが、彼の遺伝子は今日の日本の現代美術の中で如何に還元されていくのだろうか。

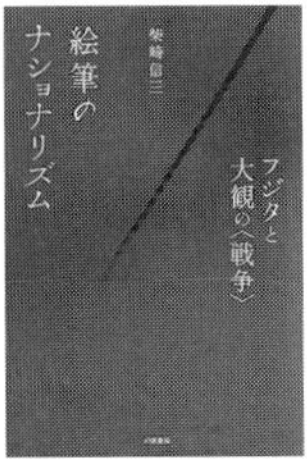

絵筆のナショナリズム
フジタと大観の〈戦争〉
柴崎信三（幻戯書房）2011.09.11

戦争画を描いた画家は何人もいたが、本書で槍玉に挙げられるのはその代表格、藤田嗣治と横山大観だ。藤田の「国際派」に対して大観の「国粋派」。大同小異だが対比の分析が実に痛快（小同大異）。

藤田と大観だけでなくオレだって戦争画描いているぞと言いたいが、残念ながら当局からの要請ではない（笑い）。子供時代の戦争の死の妄想と記憶の恐怖を吐き出すためだ（私事）。藤田といえば「乳白色の肌」で、エコール・ド・パリの寵児がよりによって「乳白色の肌」を描いた同じ筆で「アッツ島玉砕」の戦争画を描いたからサァ大変。

一方国粋主義者の横山大観は、民族精神を描く「彩管報国」の画家として日本画壇の頂点を極めた人。その彼の絵には戦闘風景は一枚もない。だけれど国家戦略の象徴に富士山を選んだ（頭いい）。そして「富士山」を売って戦闘機4機を国に贈った。

さてパリでの藤田の成功の反動は、西洋への媚や嫉妬となって日本に逆輸入（あゝ怖）。祖国に対する憧憬とコンプレックスの藤田は国内の評価の回復を視野に入れて、帰国と同時に次なる手は愛国画家として再登場を計り、打って出た（私見）。

同じ日本人画家でも、アメリカに骨を埋める覚悟の国吉康雄とはエライ違う。日本を追われるようにパリに帰る途中アメリカに立ち寄った藤田は国吉からも相手にされず、「寵児」を待つはずのパリでも冷水を浴びせられる。スイス・チューリヒで81歳で死去。

ともに「戦犯」の汚名を着せられながらも、藤田の低迷に比べて大観は日和見的政治手腕によりこの難関を突破、戦後再び画壇に返り咲き、「彩管報国」の富士山はそのまま日本美の象徴として新たな光彩を放ち始めた。日本を舞台に展開した2人の戦争画家の二つの人生だ。藤田がアメリカへ発つ日、しみじみ述懐。「画家は絵さえ描いていればいい」(涙)。

俵屋宗達
琳派の祖の真実

古田亮(平凡社新書)2010.06.06

「宗達は琳派ではない!」と本書の帯が言い放った。この一言が本書を手にした動機だった。僕が商業(グラフィック)デザイナーであった20代、宗達は琳派の一派とされながら、同派の光琳の威光の陰に押しやられていることに、宗達に私淑していた僕としてはやり切れない心情を抱いたものだった。

宗達の名作「風神雷神」「白象図」「唐獅子図」のあの魔術的、蠱惑的、破壊的なデフォルマシオンの美的ショックと、他人の作品を平気で剽窃する無礼なスピリットがピカソとダブり、僕の中でモダニズムと相克していくのだった。

さて本書の趣旨は、宗達を20世紀の画家と同列に美術史に位置づけることで同時代的発展が試みられないかという大胆な仮説を展開していく。その過程が実に欣快小気味よい。中でも宗達の絵の「動き」に着意した著者は、絵のトリミングがまるで時間軸にそって事物を切り取るという現代的造形、例えば映画のクローズアップ効果のようだと言い、今日的な表現の新しさと美を発見する。

一時デザイナーの間で、なんでもかんでも写真や図像が不必要なまでにトリミングされるのが妄想的に流行したことがあった。画面内で完結する従来の美意識に対し異議申し立てを主張する行為だったが、そんな現象を振り返れば、その時点で宗達はすでに今日の造形感覚を先取りしていたことになるが、本書は琳派を多義的に解体しながら、最後は宗達とマチスの親和性に論を進めていく。

僕はピカソと対比させてみたが、著者・古田亮氏は宗達vs.マチスを近代絵画の文脈の火中に投じることで、美術的視野の境域をどんどん撤収してゆき、マチスの「ダンス」や「ジャズ」を宗達の「舞楽図屏風」に重ねながら宗達とマチスの類縁を立証していく鮮やかさに、洗脳の快感さえ禁じ得なかった。

僕が宗達からフラメンコが聴こえると言っても、どうやら宗達とマチスのコラボによるジャズのビートにはフラメンコの哀調のメロディーも掻き消されそうになるのだった。

ピカソ
二十世紀美術断想
粟津則雄（生活の友社）2016.05.01

著者は昭和21（1946）年、18歳のとき初めてピカソの複製画に出会う。「事件」だった。それ以来、少年はピカソに「困惑」させられ、煩わしい問題を抱え込んでしまう。

バラバラの主題と様式をめまぐるしく展開させるだけでなく「野太い欲情」で貫く複数の「ピカソ」が、一人の若者の中で複数の問題と疑念を放散する時、彼は混乱した問いを突きつけられるが、若年期の原初的な困惑と疑問は、本書では新鮮な感性と錬磨された思考となってピカソの作品と並走しながら、まるでライブ感覚で遺跡を発掘するように光を当てていく。知っている、わかっているはずのピカソが歴史の闇の中から、新しい衣装をまとってゴーレムの如く立ち上がってくる。そこにはかつての若者の困惑は影もない。

「青の時代」にピカソは死のヴィジョンを体感し、「ばら色の時代」の生とエロティシズムを超越して、あのピカソ20世紀最大傑作の一つ「アヴィニョンの娘たち」に到達。それもつかの間、次々と変化変容を繰り返しながら革命的キュビスムを完成。焦点の定まらないオールオーバーすれすれの塀の上を走っていた「概念のレアリスム」から、評家の呼ぶ「総合的キュビスム」、それらを置いてきぼりに、ピカソはさらに未踏の実験と批評へと向かう。ピカソを追って著者の批評もめまぐるしく展開する。

そしてあの神話的大作「ゲルニカ」。この作品の前では評家たちは冗舌になるが、ピカソは極めて寡黙である。著者は「(ゲルニカ爆撃という出来事は) さまざまな志向をひとつに収斂するための強固な重心」と評する。

しかしここまでで、まだピカソの人生の半分に辿り着いたばかりだ。ピカソは伝統とカオス、悪意のオマージュ、剽窃へとベラスケス、マネを相手に創造の性的行為の反復を重ね、最晩年の主題「画家ピカソ」を大団円に導く。ピカソは何者か。ピカソはピカソ。

ピカソになりきった男

ギィ・リブ、鳥取絹子訳（キノブックス）2016.10.23

娼館で生まれた俺は子ども時代、リヨンで路上生活をしていた。周りは悪ばかりだった。俺は刑務所行きの運命にあると思われていた。取りえは独学でモノにした絵くらいだ。一貫性のない、なんでもありの。そのためには片っ端から美術書を読破、作家と同一化できるほど勉強したさ。自分の絵よりピカソに取り組む自分を想像して興奮したものだ。性格もモラルも路上生活が財産で、贋作が悪い？　なんて、思ったこともないね。

俺には仲間がいた。贋作の天才への道を切り開いてくれるやつさ。手始めにシャガールに挑戦。あっという間に30枚のシャガールが完成。完売だ。夢を見ているようだったね。20世紀を代表するアーティストに追いつく画家になっていたんだから。

正真正銘の贋作作家になるための俺の修業は、禅僧か錬金術師か魔術師か、それともペテン師、それ以上の超越的存在としての精神と魂を磨き上げながら偉大な画家と同等のレベルに達していた。それが他人になるための修業と悟性さ。もし画家が10点描いたとすると、11点目を作ることだ。その画家のように考え、その人物を演じ、他人に転換し、滅私する瞬間が不可欠だ。そのためには技術も、習得した知識も全て忘れる必要があった。そして贋作が完成すると、完全犯罪の痕跡を消すために、証拠物件は全部壊したよ。

制作時、俺は空っぽになって、魔法の手になったような神秘体験をした。ピカソが俺の指に憑依して一緒にいるようだった。まるで時を旅しているようになった。本物であろうと贋作であろうと創作には違いないんだから。

巨匠たちも修業時代、他人の作品を模写したり贋作も描いたりした。それが他人の作品との区別もつかず作家不明のままどこかに存在しているぜ。「ひとりの人間がこれほど完全に他人を真似ることができるとしたら、自然の力を超えている」とイタリアの画家ヴァザーリも言ったものさ。本物、贋作がそれほど重要な問題だろうかね。

やがて俺と組んでいた2人の仲間が突然、死を迎える。贋作は俺を少しずつ変え、賭けはだんだん危険なものになっていった。仲間を失い、やがて贋作のキャリアに終止符が打たれた。

売らなきゃ贋作でも罪にならない。また贋作者の署名が入れば合法だって？ ピカソは、画家とは「自分が好きな他人の絵を描きながら、コレクションを続けたいと願うコレクターのこと」と言明する。俺の書評をするYの出発も贋作だという。

いつか芸術の意味も拡散して芸術の居場所もなくなるさ。デュシャンの便器にそのヒントがありそうだよな。

明日へのとびら

本へのとびら
岩波少年文庫を語る

宮崎駿 （岩波新書） 2011.12.04

縁側の板間の廊下で、肘《ひじ》をついて寝そべった姿勢で本を読み耽っているオカッパ頭の少年の側《そば》に寄り添う庭の白い犬。犬が猫に代われば、僕の少年時代の自画像と言ってもちっとも不思議ではない宮崎駿さんの少年時代の自画像が、本書の口絵をカラーで飾っています。

そして次の見開き頁《ページ》には、４００点を超える岩波少年文庫の中から50冊を選ぶため候補本を床に並べて感慨深げに沈思黙考しておられる仕事着の宮崎さんの嬉しそうな優しい顔に、児童文学への愛が語られているのが読み取れます。

巻頭カラー頁で宮崎さんが選ばれた50冊の岩波少年文庫の表紙や挿絵が紹介され、その一冊ずつに短文が添えられ、そのどれもが読んでみたくなるような気持ちをそそられるのです。それぞれのコメントは内容の紹介や解説ではなく、宮崎さんの人生観がさりげなくポロッと易しい語り口で語られています。こんな具合に。

「不思議な力を持っている本です。ムシャクシャして、イライラしている時、くたびれて、すっかりいやになっている時、この本を読むと、ホワーンと……（略）」

本文では挿絵や表紙の絵の魅力についてもたっぷり語ってくれます。児童文学になくてはならないのは挿絵でしょう。しかし現代は「一枚の絵を丹念に読みとる習慣を失っている」ことを宮崎さんは嘆きます。ぼくも同じ気持ちです。山田風太郎さんは挿絵の魅力にとりつかれて小説家になったと語ってくれました。それほどぼくたちの少年時代は挿絵の視覚言語の力は大きかったのです。

ぼくが羨《うらや》ましく思うのは、宮崎さんが長い人生を常に児童文学を伴侶としてこられたことです。ぼくは少年時代、児童文学は一冊も読まないまま、70歳の古希を迎え、残りの時間のことを考えた時、今児童文学を読むしかないと思いました。本書に選ばれた本の中では、たった7冊しか読んでいません。今ぼくは〝幼い老人〟の入り口に立っています。そしてこれからが児童文学に触れる人生の佳境に入ったのだと思っています。

　宮崎さんは児童文学は大人の小説と違って「やり直しがきく話」だと決め、自分は大人の小説には不向きの人間だと思い知らされたと言われます。ぼくにも言えることです。そして「世界のことが全部書いてある」たった一冊の本があればいいと提案されます。

　最後に著者は、３・11のあとに世界規模の破局の予感を抱きながら、「現在の状況は終わりが始まった」ことを実感しますが、このペシミスティックな現状の中でも、創造世界には絶望していないと応じます。芸術の未来に何が託せるか、ぼくも宮崎さんと共に深く考えてみたいと思います。

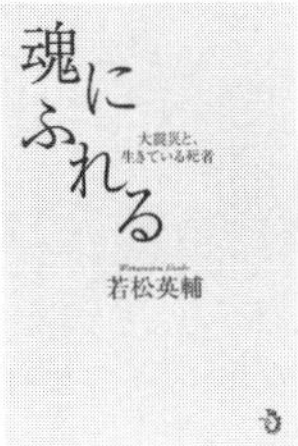

魂にふれる

大震災と、生きている死者

若松英輔（トランスビュー）2012.04.29

この拙文は本書に誘発された筆者の考えと思っていただきたい。

あの忌々しい津波にさらわれた死者の魂の行方を案じていた頃、本書と出会った。そして常に関心事であった「生ける死者」と真正面から対峙する著者の真摯な眼差しに共感した。「今日は悲しい」と海に向かってつぶやく初老の男性をテレビカメラが捉える。その言葉を導入として著者の「死者論」が展開される。著者は哲学者・池田晶子や万葉歌人の言葉を引用しながら、悲しみは「死者を傍らに感じている合図」と解し、この想いは著者の中で執拗に反復され、常に読者に寄り添い続ける。

3・11に肉親を失った「君」に悲しみについて語りかける著者はその前年に妻を亡くしており、「君」こそが相対化された著者に他ならず、彼は愛する死者（妻）と共生することで愛を育成させ、「悲愛」と共存しながら今を生きようとする。人は一般的に鎮魂という言葉にすでに死者の魂を想定していることから、著者は死者を「亡き存在」とせず、著名な哲学者、作家、思想家、宗教家の言葉を引用しながら、死者の存在を立証する。その内の一人、歴史家・上原専禄《せんろく》は、死者との共存は「歴史と社会の理念」というよりも、彼の妻の死という私的経験によるとして、著者も想いを同じくする。

著者は悲しみから逃れようとしない。なぜなら死者は「呼びかけ」を行う主体だからだ。ここで僕はあるテレビ番組を思い起こした。両親と妹を津波に呑まれて孤児になった幼い姉の夢枕に、両親とともに立った妹の霊が、「お姉ちゃんは津波に勝ったんだから」と生きのびた勇気にエールを送る。姉の悲しみを癒やす妹の言葉に触れた時、感涙と共に自分が救済されたような気持ちになった。

この画面からは著者のいう死者の側からの悲しみを伴った「呼びかけ」というよりも、祖父の家に引き取られて笑顔ではにかむ幼い姉が心の奥で感じたものは、むしろ悲しみからの自立ではなかったかと僕は思うのである。それに対して妻に先立たれた著者の「悲愛」を手放さない魂に触れる時、なぜか切ないものがこみ上げてならなかった。

いったん肉体から分離した魂は物質的世界から離脱して非物質的存在となり、本来の自分自身になろうと努め、肉体の支配下にあった人間的意識にとらわれない限り魂の自由を獲得し、離別した現世の地上的磁場からも解放され、生きる死者として死の彼方で自立するのではないか。従って著者の言う「悲しみ」の主体は死者の接近によるというより、むしろ生者の側の「悲愛」が作り上げるイリュージョンではないかと思うのだが、如何であろうか。

あとがき

本書に収録した書評は、２００９年４月から２０１７年６月までの約８年間に朝日新聞に発表した全１３３編である。最初、書評委員を依頼された時は即座に断ったが、編集者の熱心な説得に根負けして、とうとう引き受けてしまった。

書評の対象として書評委員の前に並べられる本は、僕にとっては恐らく一生読まないだろうと思われるものが大半だった。とはいうものの、興味の対象や思考の範囲を拡大してみるのも、まんざら無駄でもないことに気づいた。そして、アッという間に当初の約束の２年を超えて、８年目に入った。

書評の経験は全く初めてだった。僕が読書嫌いだということを知ってか知らずか、今まで誰一人として僕に書評を依頼したものはなかった。そこに物好きな編集者が現れて、僕にひとつ書評を書かせようと考えた。毎週日曜日の書評欄の他人の書評は皆、上手い。とてもあんな風には書けないと自信を失くしたが、先《ま》ず本を読む必要がある。

これが大のニガ手である。長い日数をかけて読み終わったら読む尻から片っ端から忘れていく。あーあァ、もう一度最初から読まなきゃいけない。こんな繰り返しを毎回やってきた。総括して短文で書評するなんてよほどの才能がなければできない。だから僕の書いた書評は大半の著者の意向に反して、「そーじゃないんだよなあ」とニガ虫を噛みつぶしながら、書評に対する批判の声がどこからとなく聞こえてくるような気がする。これって見えないカルマを積んでいることになるんじゃないかなあ。

活字がギッシリの分厚い本は興味の対象如何《いかん》にかかわらず避けてきた。活字が大きく、なるべく薄い本で、易しい言葉で高尚な内容を語っている本をいつも探して書いてきた。

活字本だけではなく、画集や写真集も書評の対象として選ばれることもあるので、この種の本も何冊か採り上げた。また、文章ではなく絵で書評ができないかと提案して採用してもらったこともあり、他の委員の文章と僕の絵のコラボレーションも試みた。

本書に掲載された本は全て新刊で、文庫本は対象外である。年末に「今年読んだ3冊」の本を厳選しているが、一年を通して読んだ本の数は書評に採り上げた本が全てというような年も何度もあった。本を読むのは絵を描くかたわらでしかないので、毎回アップアップであった。書評以外で読む本は圧倒的に少ないが、そのほとんどは画集であったり、古い時代の書籍の文庫本位だった。

読み終わったら、すぐ書かないとすぐ忘れてしまう。そうして集められた本書の書評を読み返してみると、書いたことさえ忘れていたり、内容など何ひとつ憶えていない。実に読書は無駄な時間であったかとつくづく後悔する。

そーいうと人は「そんなことはない、無意識がちゃんと記憶してくれてます」と言うが、そんな経験は一度もなかった。読書は人間成長のために有効だという人がいるが、僕に関しては絵を描く時間を盗まれたという怨み事しかでてこない。

だからといって嫌々書いた本は一冊もない。どの本も誰かに読んでもらいたいと思う本ばかりだ。読書後の記憶はほとんど忘却しているが、これらの本を選択した意志は何らかの形で僕の創作と人生とは無縁ではないように思う。

そう考えると、どれ一冊とて無駄な本はなかったということなのかなあ。

朝日新聞掲載時に、編集者の佐久間文子さん、鈴木京一さん、吉村千彰さん、依田彰さん、大上朝美さん、加来由子さんには色々お世話になりました。また、本書の編集者である小松現さんとは、小松さんが文庫編集部にいた時からの長いお付き合いである。

表紙にはアルチンボルトの絵を使用した。説明することはないでしょう。見ての通りです。

横尾忠則

２０１７年４月

本書は、２００９年４月から２０１７年６月まで、朝日新聞に掲載された著者の書評に若干の加筆・修正を加えて一冊にまとめたものです。なお、本文に掲載した書名、著者名、出版社名の後の数字は、新聞に掲載された日付を表しています。

口絵・書影撮影　中村太

横尾忠則（よこおただのり）
1936年兵庫県生まれ。美術家。'72年にニューヨーク近代美術館で個展。その後もパリ、ヴェネツィア、サンパウロなど各国のビエンナーレに出品し、アムステルダムのステデリック美術館、パリのカルティエ財団現代美術館など、世界各国の美術館で個展を開催。国際的に高い評価を得ている。2001年紫綬褒章、'11年旭日小綬章、同年度朝日賞、'15年高松宮殿下記念世界文化賞など受章・受賞多数。'12年神戸市に兵庫県立横尾忠則現代美術館が開館、'13年香川県・豊島に豊島横尾館が開館。'08年小説集『ぶるうらんど』（文藝春秋）で泉鏡花文学賞、'16年『言葉を離れる』（青土社）で講談社エッセイ賞受賞。

本《ほん》を読《よ》むのが苦手《にがて》な僕《ぼく》は こんなふうに本《ほん》を読《よ》んできた

2017年7月20日初版1刷発行
2021年11月30日　2刷発行

著　者 ── 横尾忠則
発行者 ── 田邉浩司
装　幀 ── アラン・チャン
印刷所 ── 萩原印刷
製本所 ── 榎本製本
発行所 ── 株式会社光文社
東京都文京区音羽1-16-6(〒112-8011)
https://www.kobunsha.com/
電　話 ── 編集部03(5395)8289　書籍販売部03(5395)8116
業務部03(5395)8125
メール ── sinsyo@kobunsha.com

 ISBN 978-4-334-03997-4

光文社新書

891
世界のエリートはなぜ「美意識」を鍛えるのか？
経営における「アート」と「サイエンス」

山口周

論理的・理性的な情報処理スキルだけでは戦えない！——複雑化・不安定化し先の見通せない世界で、「自己実現的消費」が主流になる中、クオリティの高い意思決定をし続けるには？

978-4-334-03996-7

892
本を読むのが苦手な僕はこんなふうに本を読んできた

横尾忠則

「この本の中に、僕の考えてきたことがすべて入っています」（横尾さん）。朝日新聞に八年にわたって掲載された人気書評を書籍化。仕事と人生のヒントがいっぱい詰まった一三三冊。

978-4-334-03997-4

893
うつ・パニックは「鉄」不足が原因だった

藤川徳美

あなたの不調は、鉄・タンパク不足の症状かもしれない。うつやパニック障害の患者を栄養改善で次々に完治させている精神科医が、日本人の深刻な鉄不足と鉄摂取の大切さを説く。

978-4-334-03998-1

894
灯台はそそる

不動まゆう

今日も一人で海に立つ小さな守り人。その姿を知ると愛さずにいられない。省エネにより崖っぷちに立たされる今、灯火を守るファンを増やすため〝灯台女子〟が魅力を熱プレゼン！

978-4-334-03999-8

895
アウトローのワイン論

勝山晋作
writing 土田美登世

「おいしいからいい。おいしくしたいなら自然に造るのがいい」——昭和の時代から活躍するワインの伝道師が初めて語る、固定観念に縛られないワインの楽しみ方と、その行き着く先。

978-4-334-04301-8